U0455133

让孩子相信
自己有解决问题的
能力

〔日〕**清野雅子**

〔日〕**冈山惠实**

著

张玲玲 译

朝華出版社
BLOSSOM PRESS

图书在版编目（CIP）数据

让孩子相信自己有解决问题的能力 ／（日）清野雅子，（日）冈山惠实著 ； 张玲玲译. -- 北京 ： 朝华出版社，2022.10

ISBN 978-7-5054-5036-3

Ⅰ．①让… Ⅱ．①清… ②冈… ③张… Ⅲ．①家庭教育 Ⅳ．①G78

中国版本图书馆CIP数据核字（2022）第130953号

著作权合同登记 图字：01-2022-2163

让孩子相信自己有解决问题的能力

作　　者	［日］清野雅子　　［日］冈山惠实
译　　者	张玲玲
选题策划	周乔蒙
责任编辑	刘　莎
特约编辑	王世琛
责任印制	陆竞赢　崔　航
出版发行	朝华出版社
社　　址	北京市西城区百万庄大街24号　　邮政编码　100037
订购电话	（010）68996061　68995512
传　　真	（010）88415258（发行部）
联系版权	zhbq@cipg.org.cn
网　　址	http://zhcb.cipg.org.cn
印　　刷	天津丰富彩艺印刷有限公司
经　　销	全国新华书店
开　　本	880mm×1230mm　1/32　　　字　　数　110千字
印　　张	5.75
版　　次	2022年10月第1版　2022年10月第1次印刷
装　　别	平
书　　号	978-7-5054-5036-3
定　　价	49.80元

前言

　　为人父母者，无不希望自己能成为好家长，让儿女得到幸福。

　　到底该怎样教养孩子呢？市面上关于教养孩子的书籍数不胜数，其中不乏"只要做到这一点即可""这样说话，可以提升孩子的能力""教养孩子的魔法"之类的口号。

　　本书并非想教给大家一种只要读完就能让孩子立刻改变的"魔法"。为什么？因为教养孩子是长期且持续的过程。如同培育植物，播种之后，不可能立刻开花、结果，必须施肥、浇水，让它能够抵御病害入侵，还要为它搭建支架应对暴风雨……通过各种随机应变的悉心照顾，才能让它开出漂亮的花朵，结出累累的果实。

　　本书是基于阿德勒心理学的阿德勒式教养计划课程（PASSAGE，Parent Study System on Adlerian Group Experiences的简称）而写的指导书。内容忠于阿德勒心理学，力求协助大家实践。

该课程由在日本推广阿德勒心理学的野田俊作先生研发，已经积累了30年以上的实践成果，冀望经由追求亲子共同成长的人士支持的"自我学习小组"推广至全国。许多受阿德勒心理学课程启发的孩子如今已经成为父母，仍持续用阿德勒心理学课程教养下一代。

我们认为，阿德勒心理学的教养课程，是适合未来时代的育儿方式。

随着互联网的普及，人工智能（AI）正在加速参与我们的工作和生活，使我们的生活不断发生变化。有人认为，这一代孩子中的65%将来会从事目前没有但以后会出现的职业；甚至有人认为，在今后的20年左右，将近半数现存的工作可能会实现自动化。

面对变化无常、无法预测的未来，我们该如何培养孩子的生存能力？

教养孩子的课程，旨在将孩子培养成自立且能与社会和谐共处的人，同时希望孩子长大后能够担负起新时代的责任、独自迎接挑战。

父母不应控制孩子，也不应讨好孩子，要视孩子为地位平等的朋友，学习作为父母的态度及心态。

本课程讲授的是能帮助亲子之间相互理解的合理教养方式。课程内容针对"已经学会说话"的孩子设计，以让孩子学会使用双词句（包含两个有意义的词语的句子）为目标，推荐从孩子3岁左右开始进行实践。

内容虽然简单，重点在于每天坚持。本课程的核心是"赋予勇气"。换句话说，孩子学习阿德勒心理学课程，其实是在学习获得勇气的方法。

教养孩子是很快乐的。希望本书的读者能够感受到简单、快乐的教养课程精髓，并且付诸实践，我们会无比高兴。

何谓"阿德勒心理学"？

在进入正文之前，先对作为课程基础的阿德勒心理学进行说明。阿德勒心理学是奥地利精神病学家阿尔弗雷德·阿德勒在其思想的基础上发展起来的心理学。阿德勒曾在第一次世界大战期间担任军医，目睹战争的惨状，受到强烈的冲击，认为长此以往，未来的世界将会一片黑暗。

阿德勒一直在思考"如何教养孩子，才能创造美好的未来"，最终得出结论：只有靠家庭教养和学校教育，才能找到不使用暴力解决问题的方法，建立良好的人际关系，进而创造美好的社会环境。为此，阿德勒创立了相关理论及心理疗法。

假如在家庭和学校中用体罚、责骂等手段教养孩子，孩子长大后可能也会使用相同的方式教养下一代。阿德勒认为，培养孩子在不使用暴力的情况下思考解决问题的方法，才能创造光明的未来。

首先，要学习人类生而平等的概念，明确人的价值没有贵贱之分。成人和儿童是平等的，也就是说，父母和子女也是平等的。阿德勒心理学不主张"奖赏"孩子，而且，当孩子不听话时，父母不能情绪化地斥责或惩罚孩子。为了建立平等的人际关系，解决问题时需要学习"赋予孩子勇气"的方法。

　　阿德勒心理学，其实就是"赋予勇气"的心理学。

出场人物介绍

山野干夫（父）

学习课程后，
大力协助、支持妻子。

山野枫（母）

育有两个孩子的全职家庭主
妇，听从同为人母的朋友川口
樱的建议，学习课程。

小堇

幼儿园大班的学生。

大树

小学二年级的学生。

野田俊作

课程的创始人，
根据山野家的状况，
给予课程实践中的重点提示。

川口樱

山野枫的朋友，
育有一个女儿，读初中二年级，
三年前开始学习课程。

目录 CONTENTS

给能够
赋予孩子
勇气的父母

为了
理解孩子

第2章

"不当行为"必有其原因

没有"赏罚"
的教养方式

第3章

"奖赏"和"惩罚"都会
让孩子变糟

课题分离与
共同课题

第4章

这样做真的是"为了孩子好"吗？

想成为协助孩子增添勇气、不控制孩子的父母，
第一步是"课题分离"···**71**

目标一致

第 5 章

父母如何协助孩子解决"麻烦"?

父母和孩子共同确定可以实现的同一目标,
将目标变成"共同课题",一起努力实现⋯99

体验
自然结果

第 6 章

你是"过度干涉"孩子的父母吗?

通过"自然结果",能让孩子学到许多东西。
不要成为剥夺孩子体验机会的父母⋯119

建议召开
家庭会议

体验
社会结果

给能够
赋予孩子
勇气的父母

第**1**章

确定目标,
开始教养孩子吧

- ♥ 课程是一种"积累式"学习方法。
- ♥ 第1章整体介绍课程,阐述教养孩子的心理
  层面目标和行动层面目标。
- ♥ 阅读第1章到第3章,学习赋予勇气的基础。

给愿意设法让孩子感受到"家人是我的伙伴，我有归属感"的父母

阿德勒心理学的一大特征就是"目的论"。

目的论主张"人的行为必有其目的"。很多时候，我们认为人的行为有其原因；但目的论却认为，任何行为皆有目的，为了达到目的，才会采取行动。情绪也有目的，为了实现目的，才会产生情绪，进而采取行动。所以，与其寻求原因，不如去了解目的。这样才可以更好地帮助别人。因此，阿德勒采用目的论作为教养孩子的主张。

假设你在因忙碌而焦躁不安时，听到孩子的哭声，如果你询问孩子"你为什么哭？"，也就是询问"原因"，或许会得到"因为妈妈的表情很可怕""因为我自己做不到"之类的回答。然而，如果询问孩子"你想要什么？"，也就是询问孩子的"目的"，说不定会得到"想跟妈妈说话""希望妈妈跟我一起做这件事"之类的回答。那么，便可以一起思考接下来该怎么办，找出合适的解决方法。

母亲询问"目的"，通常关系到解决方案。与此同时，除了哭泣，还能让孩子学到与母亲更亲密的互动行为。

此外，阿德勒心理学认为，人类行为的首要目的就是"获得归属感"。我们作为社会的一分子，不可能与他人毫无联系。要有"周围的人永远是我们的伙伴，自己受到珍视"的想法，也就是说，获得归属感是人类所有行为的终极目标。

对孩子而言，第一个社会便是家庭。

首先，我们必须让孩子感受到，他们可以利用自己的力量为自己和家人做贡献。只有这样，他们长大后才会相信自己的能力并对社会有所贡献。因此，一定要让孩子认为自己有足够的生存能力、家人是自己的伙伴、在家里很有归属感。

例如，孩子做的某件事让父母感激或高兴，孩子也会因为能帮上忙而开心，觉得父母是自己的伙伴。这一点与课程提出的教养孩子的"心理层面目标"相互关联。

教养孩子的目标分为"心理层面" 与"行动层面"两种

　　课程提出的"心理层面目标"为：

　　1. 我有能力。

　　2. 每个人都是我的伙伴。

　　要以让孩子树立这两种信念为目标，思考教养孩子的方式。

　　首先，父母必须每天进行自我检查，思考以现有的教养方式能否让孩子觉得自己有能力、觉得家人是自己的伙伴。如此日积月累，能让孩子对自己的能力产生信心，也会让"家人和其他与自己有关的人都是伙伴"的意识在孩子心中根深蒂固。

　　而"行动层面目标"为：

　　1. 自立。

　　2. 与社会和谐共处。

　　课程的目标是让孩子长大后能够在自立的基础上与社会和谐共处。或许大家认为这是理所当然的事，但如果没有意识到，在日常教养孩子的过程中很容易忘记这个目标。

　　"心理层面目标"支撑着"行动层面目标"。

阿德勒心理学认为，行动源于信念。如果希望孩子能够自立、与社会和谐共处，就必须培养孩子拥有支撑这种正确行为的正确信念。

例如，教室的角落里有垃圾，孩子将垃圾捡起来，这是正确的行为。我们要珍惜支撑这种行为的心态。有的孩子可能会想："假装没看见垃圾，说不定会挨骂，不如捡起来。"有的孩子则想："捡起垃圾，说不定会被夸奖，还是捡起来吧。"但也有孩子想："教室是大家共同使用的场所，看见垃圾理应捡起来。"

培养孩子拥有"我有能力"和"大家是我的伙伴"这样的心态，即使没人看见或没人赞美，孩子仍会做出捡垃圾这种正确行为。这种行为与"自立"和"与社会和谐共处"息息相关。

孩子以母亲为范本，学习跟世界相处

　　阿德勒认为，母亲是孩子与世界产生联系时接触的第一个人。孩子通过母亲逐渐认识这个世界，并且以母亲为范本，学习跟世界相处。为了培养孩子乐于跟同伴分享的品质，母亲必须时常将心理层面与行动层面的目标放在心上。

　　接下来，针对心理层面的两大目标——"我有能力"和"大家都是我的伙伴"，进行详细介绍。

　　课程认为，这里所说的能力包含以下两种：

　　第一种是自我管理的能力。许多父母希望孩子可以学会"自己的事自己做"，也就是能够自立，这是身体能力；还有逻辑思维及冷静对话的心理能力。这种身体能力与心理能力结合，便是"自我管理的能力"。

　　第二种是贡献的能力。假如孩子成绩优异，擅长运动，被选为学校的接力赛选手，在班上很受欢迎，父母一定会觉得很骄傲。但是，成绩优异、被选为接力赛选手、在班上很受欢迎……这些并不会给任何人带来直接的帮助。

　　我们希望孩子能够发挥自己成绩优异或擅长运动的长处，思考如何帮助别人。**每个孩子都有能力，但父母错误的处理方**

式可能会毁掉这些能力。如果孩子提供了帮助，请务必说出感谢的话语。日积月累，就会培养出自觉有贡献能力的孩子。

只有达成"我有能力"和"大家都是我的伙伴"这两个心理层面目标，才能实现"自立"和"与社会和谐共处"这两个行动层面目标。

当你想控制孩子时，当你想不问缘由地大声斥责孩子时，当你困惑于怎么教养孩子时，请想想这些目标。请仔细思考，父母的应对会帮助还是阻止孩子朝这些目标迈进。确定教养孩子的目标，就不会迷失方向。

开始赋予孩子勇气吧

阿德勒心理学课程提出，父母教养孩子时，要确定"心理层面"与"行动层面"两大目标。

心理层面的目标：

1. 我有能力。

2. 大家都是我的伙伴。

行动层面的目标：

1. 自立。

2. 与社会和谐共处。

为了帮助孩子达成这两大目标，阿德勒心理学提出"赋予孩子勇气"的主张。

首先，思考如何协助孩子自立。为了达成自立的目标，孩子必须认为自己有能力。如果父母总是指出孩子的缺点、责怪孩子的失败，孩子很可能会认定自己无能。因此，父母必须想办法让孩子相信自己有能力。

这种方法就藏在父母与孩子相处的方式中。为了让孩子自立，最好让他们多积累自己解决问题的经验。很多时候，孩子心里虽然清楚，实际做的时候却不顺手，不妨让孩子多积累类似的经验。当孩子遇到困难时，父母不应插手，而应协助孩子自己想办法解决。身为父母，要做好耐心守护孩子的心理准备。孩子慢慢积累"自己做、自己会"的经验，会开始相信自己有能力。这便是赋予勇气。

而且，为了让孩子与社会和谐共处，必须培养孩子对别人的信任。如果孩子无法信任人生中最早遇到的人——父母——恐怕更难信任别人。

怎样做，才能让孩子信任父母呢？首先要维持良好的亲子关系。如果父母只在意孩子的缺点，一味地惩罚孩子，亲子关系就会恶化，孩子也会不再信任父母。孩子长大后，不仅不会信任父母，甚至无法信任其他人。为了让孩子与社会和谐共处，务必要培养孩子拥有"大家都是我的伙伴"的心态。让孩子认为"家人都是我的伙伴"，正是实现这一目标的基础。通过课程，父母学习如何营造宽松的家庭氛围，让孩子认为家人都是自己的伙伴，从而赋予孩子勇气。

想象一下这样的场景：孩子放学回家后，告诉母亲自己忘记带橡皮，只好向朋友借用的事。母亲的回答有以下两种：

1."为什么昨天晚上不准备好呢？之前你还忘记带课本。你老是忘带东西，大家会讨厌你。"

2."哎呀，有这种事啊，你的朋友真好。不过，你忘带东西的次数有点儿多。该怎么改进呢？"

选择第一种回答的话，母亲很快便会陷入负面情绪，孩子也不会觉得"我有能力""大家都是我的伙伴"。

如果选择第二种回答，会怎么样呢？孩子的反应可能会是"上学前要仔细检查该带的东西""下次朋友遇到困难时，也要帮助对方"。而这两种想法似乎都与行动层面的目标"自立""与社会和谐共处"以及心理层面的目标"我有能力""大家都是我的伙伴"有关。

前面提到的第一种回答，不但不会赋予孩子勇气，反而会使孩子的勇气受挫。

思考一下，到目前为止，你是否挫伤过孩子的勇气？

即使父母认为自己的所作所为都是为孩子着想、是因为爱孩子，但父母的回应究竟会赋予孩子勇气还是挫伤孩子的勇气呢？这一点由孩子决定。

怎么样？你认为大树和小董会从母亲的话语中感受到"我有能力"或者"妈妈是我的伙伴"吗？

一旦孩子勇气受挫，自然会产生"讨厌自己、我很没用、孤独无助"的感受，进而认为周围的人"不能信任、是攻击我的敌人、根本不了解我"。

但是，孩子如果被赋予勇气，则会觉得"我喜欢自己、我能够独立解决问题、我可以帮助别人"，认为周围的人"非常懂我、值得信赖、是互相协助的伙伴"。

所以，我们一起来学习如何赋予孩子勇气吧！

请记住

成为积极赋予孩子勇气的父母吧

　　在封建时代，父母养育孩子是为了让孩子在社会上立足。因此，即使父母没有意识到要设定"教养孩子的目标"，只靠解决眼前的问题来应对，孩子长大后也能自然而然地过上与父母一样的生活。

　　然而，当今时代的情形大不相同。如今，父母必须积极地赋予孩子勇气，帮助孩子达成自立、与社会和谐共处这两大目标。

专栏①

根据孩子的不同成长情况，
用不同的方式赋予孩子勇气

阿德勒心理学认为，儿童与成人是平等的，无论孩子多大，这种平等关系都一样。为了便于达成"教养孩子的目标"，先来了解孩子的不同成长阶段吧。

还不会说双词句（大约 3 岁以前）

双词句是指包含两个有意义的词语的句子，例如"借玩具""吃草莓"等。虽然每个孩子的发展情况不同，但通常到了3岁，便能够说出双词句。

这个年龄段的孩子能够理解大人说的许多话，并且听得津津有味。只是孩子还不太擅长语言表达，也无法长时间记住某件事。因此，不管大人说多少遍，孩子都会忘记。即使孩子不记得你希望他们记住的事，也不要生气，再多教他们几遍。如果父母经常对孩子说话，孩子会变得很聪明。还要留意多与孩子进行身体接触。

已经会说双词句（大约自 3 岁起）

这个年龄段的孩子已经会用语言沟通、表达，也慢慢能够记住事情。不过，由于孩子缺乏判断能力，不知道自己的行为会带来什么样的结果，可能会出现冲到马路上等危险行为。面对这些情况，父母不能动怒，必须不断地引导孩子。孩子的思维方式和成年人不同，他们眼中的世界如童话世界一般。在这段时期，最好坚持多跟孩子说话、多陪孩子玩耍。如果孩子没有提出请求，千万不要抢先帮他们做任何事。要是父母凡事都帮孩子处理，孩子还能学到什么呢？他们只会认为遇到麻烦时由周围的人代为解决是理所当然的事。

交到朋友（大约自 5 岁起）

这是孩子从 5 岁左右开始到小学一年级之间的阶段。此时即使没有大人陪着，孩子也可以自己玩耍。他们开始交朋友，靠自己的能力玩游戏。从这时开始，写作业、洗澡、决定什么时候睡觉这些事，都要逐渐交给孩子自己去做。只是这时孩子的判断能力还不足，因此，父母可以询问孩子"如果没写作业，会有什么后果？"，让孩子思考可能的情况，例如"会被老师批评""作业堆积如山，写不完"等。父母只要帮孩子分析情况，就能让孩子学到足够的东西。

交到挚友（大约自 10 岁起）

通常到了 10 岁左右，孩子会交到总是一起玩或有相同爱好的挚友。他们会和这些挚友一起度过许多时光，分享彼此的想法和感受，互帮互助，体验将朋友看得和自己一样重要的亲密关系。这段时期是孩子人格发展的重要阶段，父母一定要尊重孩子与朋友的相处。这时，父母对孩子的教养应告一段落，孩子缺乏的只有知识和经验。不过，知识和经验只能靠他们自行习得。父母的任务只剩下别妨碍孩子自己学习。

为了
理解孩子

第 **2** 章

"不当行为"必有其原因

♥ 为了赋予孩子勇气，首先要建立良好的亲子
关系。

♥ 为了达到这个目的，父母要仔细审视亲子
之间的沟通，理解孩子，调整自己的心态。

孩子做出不当行为时，要冷静观察

在教养孩子的过程中，父母可能会为孩子的各种"不当行为"而烦恼。孩子的"不当行为"指的是孩子做出的让父母感觉糟糕、讨厌的行为。

孩子做出不当行为时，父母应该如何应对？

首先，介绍"仔细观察不当行为的脉络"这个方法。

"脉络"这个词语看上去可能有点儿难懂。其实，"仔细观察行为的脉络"就是指"观察孩子做出该行为的前因后果"，意味着不要只想着解决眼前的问题，而是保持一定的距离，冷静地观察孩子的行为。

具体来说，在孩子做出不当行为后，父母应冷静地回想以下几点并记录下来：

"孩子是在什么情况下做出这样的举动？"

"做出不当行为前，发生了什么事？"

"不当行为发生后，孩子怎么样了？"

"我是如何应对的？"

"我的应对方式效果如何？"

持续记录之后，你将清楚地看到亲子关系的恶性循环模式。为了便于记录，课程备有课题记录表。请依据你填写的内容，思考让孩子认为"我有能力""大家都是我的伙伴"的具体对策。

接下来，我们一起看看山野家的具体事例。

课题记录表

名字	孩子的行为	我的回应	孩子的反应
大树		正要出门时，有人打来电话，只好叫大树带小堇去卫生间。 −1	有点儿不耐烦，慌慌张张地带小堇去卫生间。
大树	在DVD出租店的停车场，没有下车。	已经下车了，问大树："怎么了？" −2	脸色沉重，一言不发地低着头。
	"咦……真奇怪，没有DVD。"一边说，一边在包里翻找。	"你忘了带吧！这样装模作样地在包里找有什么用！你出来的时候肯定没有确认是否带着DVD！" −3	
大树	回家一看，果然忘了带DVD。	"再这样的话，以后就不准租DVD了！" −5	边哭边说："不可以！我下次一定记住！"

```
 -5    -4    -3    -2    -1    (0)    1     2     3     4     5
```
负面情绪　　　　　　　　　　　　　　　　　　　　　　　　正面情绪

山野枫在开始学习阿德勒心理学的课程之后，当孩子出现不当行为时，会回顾亲子之间的对话并写在课题记录表上。

于是，她迅速将今天的事写在记录表上（见第25页），拿去向学习课程的前辈川口樱请教。

第二天，山野枫跟川口樱在咖啡馆碰面，给她看自己写的课题记录表。

碰到这种情况，你的情绪如何？

情绪？我觉得自己比较冷静……

原来是这样。那么，身体感觉怎么样？回想一下，有没有哪个部位使不上劲？

让我想想……这么说来，出门时慌慌张张的，感觉肩膀很硬。后来听到大树说"真奇怪，没有DVD"时，从肩部到背部都变得很僵硬。从那之后，我一直又生气又懊恼，全身肌肉都很僵硬。

有时候我们会掩饰自己的情绪，就连自己都注意不到自己的情绪。这时，身体会反映真实的情绪。你的负面情绪程度如何？假设 −5 是负面情绪的最大值，那么从 −1 到 −5，你的负面情绪大概是多少？

在DVD出租店时大概是 −3。回家后发现果然忘了带，负面情绪指数陡变为 −5。这么说来，我一直在"负向关注"大树。

正向关注与负向关注

正向关注

"正向关注"是指父母对孩子的行为以充满喜悦、亲密或宠爱的积极情绪表示关注。父母带着这种情绪对孩子说出"你做得很好""多亏有你帮忙"之类的话，孩子会感受到"我有能力""父母是我的伙伴"，进而做出正确的行为。

负向关注

"负向关注"则是指父母带着愤怒、不安、后悔、焦躁等负面情绪，关注孩子的行为。甚至基于这样的情绪，说出"要说几遍你才会懂？"或者"能不能好好做！"之类表示处罚、命令、禁止的话，可能会让孩子产生"我很无能""父母不是我的伙伴"的想法。

虽然受到负向关注，孩子仍感觉"父母关注着我，并没有完全抛弃我"。因此，孩子可能会尝试通过不当行为引起父母的注意。

站在孩子的立场思考

站在孩子的立场想一想，你认为大树在这种情况下会有什么样的感受？

大树的性格跟我完全不同，我很难站在他的立场思考。要是你能和我一起思考，那就太好了。

我明白了。我猜……大树或许觉得自己被你否定了，因此很难过，甚至会认为自己是个没用的孩子。

真的吗？难道我不是在向他传达希望他以后不要再忘记带东西的想法吗？

是啊，很遗憾，或许没有传达给他。大树被你可怕的表情吓到了，对他来说，觉得自己很没用的感觉也许更强烈。

嗯……

难道大树不是一个会照顾妹妹的好孩子吗？我觉得他平时也想做个好孩子。但是，他的正确行为被你忽略了，没有得到认可。这样可能会让他很痛苦。

的确，如果做了正确的事却总是被忽略，就连成年人都会很难受。我总是只关心大树没做好的地方，每天对他发脾气。

反复做出不当行为的孩子，可能认为"不管我做多少好事，父母都不会给予正向关注，老是冷落我。不如做一些错事，至少能够获得负向关注"。因此，他们牢记至少要获得负向关注，以确认自己的存在感。

原来如此。

我也是在学习阿德勒心理学课程时才察觉到这一点。我女儿百合做了正确的事，我却认为理所当然，反而老是针对她无法做到的事发脾气。如果总是发脾气，就会形成恶性循环，对百合一点儿帮助也没有。

假如我总是关注大树的缺点，将无法培养他树立"我有能力"和"妈妈是我的伙伴"这样的正确信念。

一定要让孩子认为"我有能力"。如果总是被父母否定，孩子就会讨厌自己、失去自信、变得胆小，最终无法自立。

这么说，让孩子感受到"父母是我的伙伴"和"家人是我的伙伴"很重要。一旦亲子关系变差，孩子就会不再信任父母，长大后不仅不信任家人，还会变得疑神疑鬼，不信任任何人，甚至可能会变得没有同情心、带有攻击性或很懦弱。

是啊，我们一起来想想赋予孩子勇气的方法，好让孩子感受到"我有能力""母亲是我的伙伴""家人是我的伙伴"吧！

找出让自己冷静下来的方法

　　如果父母陷入负面情绪，孩子只会感受到"我很无能""父母是我的敌人"。因此，父母一旦察觉自己产生了负面情绪，请放松僵硬的身体，努力让自己冷静下来。或许你的反应是"我做不到！"或者"我这么忙，哪有时间！"，但为了赋予孩子勇气，花些力气是必需的。

　　知道如何让自己冷静下来会很方便。例如深呼吸、闻自己喜欢的香气、做伸展运动、遛狗、听音乐、喝茶等。不管时间充足与否，根据自己的具体情况，找出让自己冷静下来的方法吧！

🧑 你有放松身体的方法吗？

🧑 当大树做出让我气恼的行为时，为了不受他影响变得焦躁不安，我会暂时走开，深呼吸或者伸展一下身体，让自己冷静下来。但是，如果我再看到大树，又会开始生气。

🧑 那个时候喝杯咖啡，对放松心情很有帮助！

🧑 嗯，有你做伴真好。

有意识地寻找孩子"做得好的地方"

 不过，从刚才的情况来看，大树也有做得好的地方吧？

 有吗？

 当然有啊！我看你是身在其中而不自知。其实无论是你还是大树，都有很多做得好的地方。

　　必须有意识地去看，才能看到积极的一面。"有意识"至关重要。无论多糟的孩子，都会有"做得好的地方"。也就是说，换一个角度，"刻意"观察孩子的行为，一定可以找出孩子的"优点"。

　　一开始，父母通常无法独自找到这个"做得好的地方"。如果凭借课程的力量进行观察，便会越来越擅长找到它。诀窍在于，在对你来说"理所当然"的地方寻找。例如孩子帮你的时候、问候你的时候、好好吃饭的时候……这些事你可能认为是"理所当然"的，却都是"好的行为"。假如你能在孩子做得"好"时，带着亲切和宠爱等正向情绪，说出"谢谢""多亏有你帮忙""做得真好"之类的话，孩子一定可以感受到

"我有能力""大家都是我的伙伴"。如果继续维持这种状态，亲子关系会变得更好，孩子也会做出更多"正确行为"。

川口樱看着第25页的课题记录表，寻找大树哪里"做得好"。

🔴 大树带妹妹去卫生间，帮了你很大的忙啊！他很清楚借东西一定要还，也知道不该给你添麻烦，然而他没有用"可是""不过"等借口搪塞，这一点很棒。他不想让你久等，才匆忙出了门。我女儿完全不同，她只要沉迷某件事，就会将别的事全都忘光。不如换个角度，你可以跟大树一起思考出门前确认不会忘带东西的方法。如果他说不知道，你就将常用的确认方法教给他。

🔴 跟你一起讨论课题记录表，身体放松了，心情也很舒畅。大树本来就是个好孩子，他带小堇去卫生间，我应该跟他说声谢谢。我还很想感谢他一直帮着照顾小堇。我应该用温柔的态度跟大树一起思考确认的方法。谢谢你的提醒！

🔴 不客气。下次跟你讨论我女儿的问题时，你也要帮我呀！

孩子每天都在成长，尽管有时候与父母的期望不符，但确实在不断长大。父母应该认为孩子总是在做正确的事情，并且有意识地寻找"好的地方"。即使孩子做出父母认为不当的行为时，也要仔细观察、思考，总会找到"好的地方"。

- 请关注孩子的长处和才能。
- 请注意孩子努力的过程，不要只注意结果。

每个孩子都是独一无二的个体，和其他孩子进行比较没有任何意义。应该帮助每一位孩子以他独有的方式生存。

你是否认为孩子帮忙做家务是理所当然的事？如果一个人帮助家人，却没有得到任何人的感谢，肯定会不开心。大人尚且如此，何况是孩子。有机会时，请跟孩子说一声"谢谢"。

有意识地寻找孩子"做得好的地方"

　　有时虽然解决了眼前的问题，却没有找到建立良好亲子关系的方法。这时，请停止之前针对孩子"不当行为"的一切行动，观察以往的应对方法，写在课题记录表上，以了解目前的亲子关系。

　　接下来，观察日常生活中孩子的"正确行为"。重点是要"有意识地"去做这件事。如果心里认定孩子一定会做正确的事，并且有意识地寻找，就一定能够找到。

专栏②

孩子做出不当行为
（偏差行为）的目的是什么？

阿德勒心理学课程主张的不是思考"如何制止孩子的不当行为"，而是思考"如何让孩子多做正确的事"，以增加其正确行为作为目标，赋予孩子勇气。

处于幼儿时期的孩子可能并不知道他们的某些行为不对，例如在公园里玩耍时进入花坛。这时，如果告诉孩子"不可以在花坛里玩耍"或者"你做错了"，孩子应该可以理解。

如果一个孩子到了能够明辨是非的年纪，却在考试时作弊，该怎么办？他可能认为"努力学习太辛苦了"或者"没办法，否则得不到高分"，因此选择了不费劲的方法。在这种情况下，孩子明明知道什么是正确的行为，却因为害怕失败而变得怯懦，导致出现不当行为。这时，必须赋予孩子大量面对失败的勇气，才能让孩子做出更多正确行为。

另外，为了达到与人交往时的目的，孩子也会做出不当行为。以下说明两种常见目的。

引起注意

例如：孩子原本想跟母亲聊些开心的事，结果最爱的母亲因为专注于其他事务而忽略了自己；孩子努力独自完成自己的事情，母亲却被其他事情分散了注意力，根本不关心。

这些行为在孩子眼中代表"被忽视"，持续下去会发生什么事呢？被忽视是一个人最痛苦的经历，甚至让孩子相信自己"总是被同伴排挤"。

当因为被忽视而感到孤独时，如果做出不遵守约定等不当行为，被母亲责骂，孩子心里会想："原来只有做不好的事，妈妈才会关心我。"孩子宁愿在责骂中得到来自母亲的注意，也不愿意被忽视。结果，孩子在受到关注的时候相信自己没有被同伴排挤，并且继续做出不当行为。

如果孩子的不当行为是为了"引起注意"，父母会觉得焦躁不安，同时认为孩子很麻烦。90%的亲子问题都产生于这个阶段。本书主要讨论这一阶段的亲子关系。

争夺权力

假如父母强行制止孩子的不当行为，亲子之间的互动将进入比"引起注意"更糟糕的阶段——双方为了争输赢而"争夺权力"。

一旦演变成权力争夺，有些个性活泼的孩子会因为不服输而跟父母争吵，父母感觉被挑衅，双方会真的吵起来，导致亲子关系陷入恶性循环；性格乖巧的孩子则会安静地持续反抗。无论哪种情况，都会让父母和孩子憋一肚子气。

只要发生"争夺权力"的情况，我们就无法帮助孩子。父母必须做的第一件事就是停止和孩子争夺权力，也就是从争输赢的比赛中退出。关于这个部分，第 5 章有更详尽的叙述。

上述两种目的，属于心理学的"潜意识"层面，就算询问孩子，他们也会回答"不知道"或"我不是故意的"。

阿德勒心理学认为：人类行为的首要目的是"获得归属感"。因此，任何不当行为都是为了获得归属感而做的努力，也是为了寻找安身立命之处而做的努力。接下来，我们要学习如何让孩子永远感觉自己是家中不可或缺的存在，是家人不可替代的伙伴。

专栏③

做好"赋予勇气"的准备

假如孩子没有按时回家，母亲大概会焦急地等待。最后，孩子晚了一个小时才回到家。若是平常，母亲早已暴跳如雷地大骂道："你在干什么！"但是，母亲认为这样做无法"赋予孩子勇气"，于是压下怒火，问孩子："已经很晚了，你是跑着回家的吗？下次该怎么做？"

其实，这样无法赋予孩子勇气。

为什么？因为这时母亲的情绪是负面的，这是一种负向关注。听到这些话，孩子可能会想："妈妈在讽刺我，她果然生气了。"母亲煞费苦心地想赋予孩子勇气，但如果只改变说话方式，不摆脱负面情绪，就达不到预期目的。

在赋予孩子勇气之前，必须先检查自己的情绪。

正面情绪与负面情绪

阿德勒心理学认为，情绪是有目的地被创造和使用的。尽管情绪包括正面情绪（开心、愉快、喜爱等）以及负面情绪（生气、不安、悲伤、后悔等），但两者同样都是人创造出来的。正面情绪有能力将人们联系在一起，负面情绪却有能力让人分离。例如，愤怒的情绪会让对方害怕，进而听自己的话，这样做虽然有效，却会让你和对方的关系恶化。

先留意自己的情绪

身体会告诉你，你的情绪如何。虽然每个人的状况不一，不过，人只要有负面情绪，身体的某个部位就会有紧张感；有正面情绪的话，身体会放松。敏锐地捕捉身体状况的变化，就能感知自己的情绪。

一旦察觉有负面情绪，先冷静下来

要想办法消除负面情绪。试着离开让自己产生负面情绪的场合，冷静下来。

寻找孩子做得好的地方

试着从孩子的不当行为中寻找"做得好的地方"。只要仔细观察、思考，就会找到。

有意识地从孩子平时的行为中寻找他们总是表现得当的地方。你会发现，那些"理所当然"的事其实都是好的行为。回首往事，你可能会发现，无论是孩子早上起床，还是吃你做的饭、出生在你家、和你一起生活至今……在日常生活的点滴中，孩子有很多好的行为。

然后寻找你自己"做得好的地方"。

像这样不断地在日常生活中寻找孩子的正确行为，就能做好"赋予孩子勇气"的准备，不带负面情绪地与孩子交流你希望他们学习的东西。具体应该怎么做，从现在开始学习吧。

没有"赏罚"的教养方式

第 **3** 章

"奖赏"和"惩罚"都会让孩子变糟

- ♥ 教养孩子时使用奖赏或惩罚的方式，都会使孩子的勇气受挫。
- ♥ 赋予孩子勇气的第一步是"倾听孩子的心声"。
- ♥ 孩子失败时，父母要赋予他们勇气。
- ♥ 失败是成长的良机。

牢记教养孩子的心理层面目标，学会倾听孩子

阿德勒心理学课程不主张奖赏，也不主张惩罚，是没有"赏罚"的教养方式。使用赏（赞美）和罚（责骂）的教养方式，无法培养孩子产生"我有能力""大家都是我的伙伴"的正确信念。

例如，当孩子不好好学习的时候，你可能会严厉地责骂孩子，或是给孩子一些让他们反感的惩罚——不好好学习就不能吃零食或看电视等。如此一来，孩子会学到什么？

反之，如果孩子认真学习，你便赞赏有加，或是奖励他们东西。这种情况下，孩子又会学到什么？

如果父母使用赏罚的方式进行教养，像训练动物一样从外部刺激孩子，短期内可能会有效果，但我们必须仔细思考，长期如此，会发生什么事？

为了让孩子学会在社会中做该做的事，不做不该做的事，阿德勒心理学课程建议父母用"赋予勇气"取代赏罚的教养方式。

身为父母，既不能像帝王一样控制孩子，也不能像仆人般为孩子服务。那么，"赋予勇气"到底是什么样的教养方式呢？

我们来看看山野家的案例。

看了刚刚的事例，你认为山野枫的回应符合阿德勒心理学课程中教养孩子的心理层面目标吗？能让大树产生"我有能力""母亲是我的伙伴"这样的正确信念吗？

从大树的立场来看，他会想什么呢？他或许会想："本来想跟妈妈分享和朋友玩耍的快乐，想跟她聊晚餐吃什么的话题，却被拒绝了。原来我就像妈妈说的那样，是个一无是处的坏孩子啊！真难过……妈妈好可怕！如果她不让我吃最爱的饭后甜点，那可就糟了！没办法，还是快去写作业吧！"

他也有可能会认为："妈妈不但不听我说话，狠狠地骂了我一顿，还抓住我的弱点，让我按她说的做。我又不是她的傀儡！算了，别生气！作业只要随便写写就行！"

说不定他还会想："原来像妈妈那样非常生气地大声说话，或者利用别人的弱点，就可以让别人听话。下次我也要用这个方法对付妈妈。"

不管是以上哪种想法，大树都极有可能从母亲的回应中学到不好的东西。

惩罚的副作用

用惩罚的方式教育孩子，可能会产生副作用。

- 亲子关系恶化。
- 孩子可能会变得消极、没有进取心、没有干劲。
- 惩罚是一种负向关注。
- 如果之后没人惩罚孩子，他们就会继续做不当行为，不会有所改善。

在上述事例中，山野枫单方面用可怕的表情最大限度地发泄了愤怒的心情，向大树预告不写完作业就不能吃甜点的"惩罚"。当然，山野枫的话并非只是一时的"威胁"。如果大树不写作业，肯定吃不到甜点，所以他很快就去写作业了。

但是，后来有一天……

山野枫傍晚外出，晚上才回家，一进门就看见大树跟爸爸惬意地坐在客厅里看电视。

 大树，作业写完了吗？

 啊，我马上去写。

 你知道现在几点了吗？已经8点半了！你应该在晚饭前写完作业！现在才开始写，是不是得晚睡？你之前到底在干什么啊？

 ……

 干夫，都怪你太宠儿子！

 ……

　　他们之间有这样的对话，似乎印证了"惩罚会有副作用"这个说法。

　　那么，山野枫这时应该怎么做，才能赋予大树勇气呢？也就是说，她必须思考教养孩子的心理层面目标，想想如何做才能让大树感受到"我有能力""妈妈是我的伙伴"。

首先，用自己的方式冷静下来

大树走进厨房问妈妈"晚上吃什么"，这惹恼了山野枫。身体会反映情绪，这时山野枫感觉身体发热，肩膀和臼齿用力，双手紧握成拳。带着这种情绪，她自然会认定大树是坏孩子。实际上，山野枫越认为大树是个一无是处的坏孩子，就越生气。父母陷入负面情绪时，也会将这种情绪传递给孩子，失去帮助孩子的能力。

这时，山野枫的冷静方式是：一边听喜欢的音乐，一边做菜。只要听到喜欢的音乐，她就会感到快乐、平静。

有意识地寻找孩子"做得好的地方"

这次，山野枫没有借助川口樱的力量，而是自行思考。

"大树很活泼，有很多朋友。喜欢在外面玩泥巴，对吃东西很感兴趣。他时常来厨房，双眼发亮地看着我做饭，还会主动帮我切黄瓜、揉肉饼。这时的大树朝气蓬勃，我喜欢这样的大树。"

一开始，山野枫持批判态度，认定大树是"一无是处的坏孩子"。冷静下来后，她开始思考大树"做得好的地方"，发现大树热衷于喜欢的事物，或许可以培养他朝自己感兴趣的目标前进。

想想自己希望孩子从中学到什么

人类为何学习？山野枫刚开始学习课程时，认为阿德勒心理学关于这一问题的见解很有道理："人类生活在社会中，与周围的人休戚与共。因此，不仅要做自己想做的事，更要成为对周围的人有帮助、对社会有贡献的人。这样才能获得归属感，变得幸福，实现'自立'和'与社会和谐共处'这两个目标。"

为了用自己的能力探索对社会做贡献的方法，大树积极进行准备、获取不懂的知识的过程就是学习。山野枫最想让大树认知的事就是"学习很快乐"。

然而，从山野枫这次的应对中，大树能学到这一点吗？似乎不可能。如果继续用惩罚的方式强迫孩子学习，可能会让孩子讨厌学习，他们以后可能也不打算自己决定写作业的时间。

为了让大树将来能够用自己的能力为社会做贡献，山野枫希望他能好好学习。父母应该怎么做，才能达到这个目的呢？

山野枫在课程中学到了"倾听孩子说话"的方法。

倾听孩子说话的要点

耐心地听孩子说完，不催促孩子

不要先入为主地认为孩子的话既长又不得要领，也不要套用自己的预想，一定要慢慢倾听。当说到一半突然停下的时候，孩子也许是在整理思路，请耐心等候。

以等待20秒为准。等待时，心里请默念："孩子一定是带着好的意图，才会跟我说这些。"

父母耐心地听完孩子的话，孩子不仅能逐渐学会表达自己，还会因"父母耐心听我说完"而感到安心，产生"父母是我的伙伴"的认同感，愿意和父母交流。

面向孩子，认真倾听

当孩子跟你说话时，请面向孩子，认真倾听。在提出自己的意见之前，先仔细听孩子说完。这种有人愿意倾听自己说话的感受会让孩子大受鼓舞。为什么？因为被他人倾听，会获得归属感。人若孤独，就会胆怯。跟同伴在一起，自然勇气倍增。

接下来，将前面的事例中山野枫的回应按"倾听孩子说话的要点"进行转换，看看会发生什么事。

山野枫发现，大树对烹饪很感兴趣，所以在游戏中反复试验，这似乎是大树获得生存能力的一种方式。

如果听到母亲这样的回应，大树会觉得"我有能力""母亲是我的伙伴"。

至于家庭作业，山野枫决定暂时让大树自己处理，并且对大树进行观察。孩子按照自己的节奏去做可能会来不及，但父母不能夺走这种体验。

不要用奖赏的方式调动孩子的积极性

接下来，看看小堇的事例，对"奖赏"这种教养方式进行思考。

小堇的挑食行为让山野枫十分头疼，她是如何应对的呢？

山野枫为小堇提供"吃胡萝卜就给她买卡通人物卡片"的奖赏，结果小堇虽然肯吃胡萝卜，但她在这种情况下会学到什么？

山野枫希望小堇学习的是"不要挑食，面对不喜欢的食物也应心怀感激，努力地吃一些"的道理。

但是，这种想法传达给小堇了吗？大概没有。小堇关心的似乎只有卡通人物卡片。而且，通过这种奖赏，小堇似乎还学到了"只要我吃掉讨厌的胡萝卜，妈妈就会给我买我喜欢的东西"。

如果像这样，用奖赏的方式调动孩子的积极性，很有可能会产生不良后果。

奖赏的不良后果

● 孩子为了奖赏才会行动。

● 一旦知道没有奖赏，孩子就不做正确行为。

● 奖赏会逐渐升级。

● 只重视结果，因而孩子会采取不费力的手段，结果看起来不好就直接放弃。

阿德勒心理学课程的目标，是让孩子拥有正确的信念，也就是：

1. 我有能力。

2. 大家都是我的伙伴。

拥有这样的信念，孩子才会做出正确的行为。

这与害怕惩罚或期待奖赏的情况不同，孩子内心有一种驱动自己的力量，这才是真正的自立。

奖赏和赋予勇气的不同之处

奖赏与赋予勇气有何不同？

首先，两者的目的不同。赋予勇气是帮助孩子树立正确的信念；奖赏虽然也能帮助孩子做出正确的行为，但他们并不会思考信念的问题。

其次，奖赏是有条件的。赋予勇气与孩子的行为无关；奖赏却只会出现在孩子做出正确行为的时候。小堇吃胡萝卜才可以获得奖赏，不吃就什么也得不到。

"勇气"是指"为大家着想，即使想做，也不做不该做的事；即使不想做，也要做必须做的事"这种心态。山野枫希望小堇能够通过赋予勇气，学会"不要挑食，面对不喜欢的食物也应心怀感激，努力地吃一些"。虽然她有这样的期待，最后却发现，靠奖赏无法培养出这样的心态。

成年人之间也是如此。

某天，你为家人准备了一顿大餐。你的丈夫说："哇，不错嘛！你只要肯做，就做得出来。以后也要加油！"听了这样的话，你会有什么样的感受？你会觉得"我有能力""丈夫是我的伙伴"，还想再做一次大餐吗？你可能觉得自己似乎被当成傻瓜，之后完全提不起劲儿烹饪。

假如丈夫说"哇，看起来很好吃！做这么多菜一定很辛苦吧？太感谢了"，你又会有什么样的感受呢？你会觉得"我有能力""丈夫是我的伙伴"，还想再做一次大餐。

被赋予勇气时，能够感受到"我有能力""大家是我的伙伴"。接着就可以为大家着想，尽自己所能去帮助别人。

而"不错"和"你只要肯做，就做得出来"这种话，更像是上级对下级的评语。

失败是赋予勇气的契机：
不让失败的孩子失去勇气

　　如果孩子的行为怀着好的意图，或者至少没有"让父母烦恼"之类的不良意图，只是结果不理想，这种行为不是"不当行为"，而是"失败"。

　　当孩子失败时，或许会让父母很烦恼，但父母若因此产生负面情绪，就无法赋予孩子勇气。

　　孩子可以从失败中学习。失败是孩子成长的良机。

　　下面是山野家的一次"失败"事件。

　　某天晚饭后，大树想自己收拾餐桌。可是，他端着一堆盘子时，因为太心急，盘子掉到地上摔碎了。

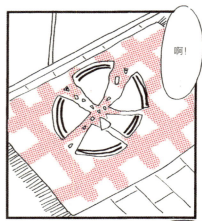

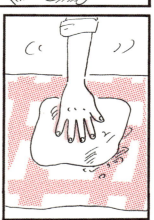

　　被妈妈训斥"看你做的好事！"时，大树的心情如何？原本因为失败而受挫的勇气，恐怕变得更少。此时妈妈要做的是，不让失败的孩子失去勇气。

　　如果专注于大树帮忙收拾餐桌的善意与努力，赋予大树勇气并不难。

　　大树想自己收拾餐桌，是为了帮助妈妈。为了赋予失败的孩子勇气，应该怎么做呢？

赋予失败的孩子勇气

收拾失败后的残局

孩子能从失败中学到什么？首先就是要善后。可以问孩子："哎呀，盘子打破了，该怎么办？"如果孩子一个人就能收拾，就让孩子自己做；如果孩子不会收拾，可以慢慢教他，和他一起收拾。

接下来怎么办

善后工作结束后，可以问孩子："为了避免打破盘子，以后该怎么做呢？"假如大树的回答是"以后我会不慌不忙地小心搬运"，那就太好了。如果他说："我再也不会自己收拾餐桌了！"这就说明他的勇气受挫了。这时最好用"你下次一定可以做得很好"之类的话鼓励孩子。

当孩子失败的时候，一定要赋予孩子足够的勇气。首先，要认真倾听孩子的话，试着理解孩子因为失败而产生沮丧、不

安、对自己生气的情绪。毕竟父母是孩子的伙伴，也是孩子的
知己。

　　如果山野枫能够冷静下来，用不带负面情绪的态度回应大
树，情况会如何呢？
　　让我们看看同一事件的不同处理方式。

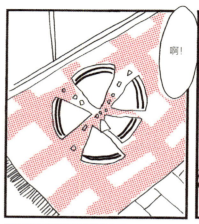

啊！

哎呀，糟了！

山野枫深呼吸，让自己冷静下来。

呼

我知道了……对不起！

盘子碎了，这里很危险，别让小董靠近。

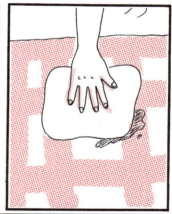

你本来是想帮我，可惜失败了。下次该怎么做呢？

真不错。

这回我一次拿了太多盘子，下回我会一次少拿几个，小心搬运。

摒弃"赏罚"的教养方式，用心倾听孩子的想法

　　赋予孩子勇气的第一步是倾听孩子的话，试着理解孩子的想法和情绪。父母不必发表意见，只需要全心全意地面对孩子，认真听孩子说话。

　　如果父母愿意充分听取孩子的意见，孩子也同样会做好听取父母意见的准备。

　　对于孩子的人生，尽量让孩子自己思考并做出决定，这便是"自立"。因此，请父母千万不要指挥孩子，而是通过询问孩子的方式让他们自己思考该怎么做。

　　"提问式教养"的方法可以通过练习变得熟练。

专栏④

建议使用"提问式教养法"

阿德勒心理学课程以让孩子"自立"为教养目标，希望孩子能够尽量自己思考和决定人生。所以，当孩子失败或犯错时，必须让孩子自己思考该怎么做，而不是由父母指挥。

指示性方法与教育性方法

父母会不由自主地想教孩子如何应对，例如"快点儿做这个""那样做就行了"。这种处理方式被称为"指示性方法"，也就是"instruction"，通常用于教不懂的人。但是，阿德勒心理学课程认为，很多时候孩子其实知道答案，即使不知道，也经常能在对话的过程中自己找到答案。这种引导孩子发现内心深处的答案的方法，称为"教育性方法"，也就是"education"。即使父母认为孩子很难独立思考，也要认真倾听孩子说话，这样就能让孩子注意很多细节，并且能够自己做出决定。

封闭式提问与开放式提问

提问可以分为只要求对方回答"是"与"不是"的"封闭式提问"，以及只用"是"与"不是"无法回答的"开放式提问"。开放式提问在听别人说话时非常有效。

开放式提问是指运用"5W1H原则（何人、何时、何地、何因、何事、怎么做）"来提问。不过，最好不要询问"何因"。因为一旦询问"何因"，就会追究其原因。然而，找到原因并不能解决问题。

另外，像"然后呢？""接下来怎么样？""能再说说看吗？"之类的问法，都属于开放式提问。如果持续进行开放式提问，例如"发生了什么事？""你怎么看？""你有什么感受？""你打算怎么做？"，更能帮助孩子理清思路。

开放式提问可以让孩子自由发言，对父母收集不知道的信息、倾听孩子独特的想法、理解孩子非常有帮助。

封闭式提问一般用于父母向孩子传达想法的情况。例如，询问孩子"你认为……吗？""你是否觉得……"之类的问题。如果父母的推测正确，孩子会认为"父母是我的伙伴"，从而勇气倍增。而且，孩子可能只有被告知时才会意识到自己真正的想法，从而整理自己的思路。

即使父母的推测不正确，也可以帮助父母倾听孩子的真实想法，加深亲子之间的相互理解。

坚持使用"提问式教养法"，对孩子进行开放式提问，就会变得熟练。父母在发表意见之前，要注意挖掘孩子内心深处的东西，认真倾听孩子的想法。

如果持续使用"指示性方法"教养孩子，孩子可能会变得非常依赖父母。因此，一定要帮助孩子，让他们好好地独立思考。

课题分离与
共同课题

第 **4** 章

这样做真的是"为了孩子好"吗?

♥ 你已经掌握了前3章的基础内容吗?

♥ 第4章和第5章要学的是,不控制孩子、不顺从孩子,亲子之间以平等的伙伴关系相处,共同努力生活。

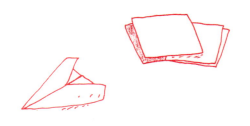

想成为协助孩子增添勇气、不控制孩子的父母，第一步是"课题分离"

在这一章中，首先讨论"课题分离"的概念。

"课题分离"是一项将属于不同的人的课题（任务）分开的工作，通过思考如何处理、解决某件事以及谁将承担后果来进行分割。

例如，和什么样的朋友以什么样的方式相处，是孩子的课题。如何学习、如何解决问题、穿什么衣服、玩什么游戏……都是孩子的课题。

如果孩子和父母不太喜欢的朋友走得很近，父母会用"不要和那个孩子做朋友"之类的话进行干涉；如果孩子总是不写作业，父母会焦躁地说出"快点儿写作业""做完该做的事再玩"之类的话，并且关掉孩子正在看的电视。这就意味着父母在干涉孩子的"课题"。

阿德勒心理学课程认为，如果父母干涉孩子的课题，会有以下危害：

- 孩子失去自信。
- 孩子产生依赖心理。

- 孩子产生反抗心理。
- 孩子学会将失败归咎于别人。
- 父母会因为孩子的事情忙得团团转。

我们来看看下面的事例。

在这个事例中，山野枫似乎让小堇的勇气受挫了。为人父母，要经常自我检查，我们的回应能否让孩子感受到"我有能力""大家是我的伙伴"，这一点十分重要。

小堇好不容易自己解决了自己的课题，却被母亲干涉，似乎产生了反抗心理。同时，母亲也因为要确认孩子明天穿的衣服变得更加忙碌。

现在，让我们将课题分开吧！

对小堇而言，第二天穿什么衣服是她的课题。山野枫的课题则是"担心别人的看法""被认为品位差""被认为不管孩子"等。如果母亲意识到穿什么衣服是小堇的课题，会有什么样的回应呢？

让我们再次回到前面的事例中。

父母的"为了孩子好"其实是"为了让自己安心"

　　孩子在成长过程中，必须亲身体验、学习许多东西，才能产生"我有能力""大家是我的伙伴"的信念。关于穿什么衣服的问题，是孩子的课题。

　　父母总想抢在孩子前面干涉他们的课题，但这样并不能让孩子自己解决问题。如果遇到问题，父母应该停下来思考"这是谁的课题"。

　　只要将课题分开，就会发现有些属于父母的课题其实与孩子有关。这是因为父母在孩子身上寄托了期望。例如，父母非常在意孩子的成绩以及孩子和谁交朋友，但这些都是孩子自己的课题。至于期望孩子学习更用功、不希望孩子和某个孩子交朋友，则是父母的课题，原则上必须由父母自己承担。

　　无论父母还是孩子，都必须自立。

　　如果父母强迫孩子学习，就能解决"学习"这个课题。但这并不是父母自己解决的，而是孩子替他们解决的。这是一种"代替解决"的方式。父母不自己解决问题，反而让孩子代劳，还号称"都是为了孩子好"。实际上，父母并不是"为了孩子好"，而是"为了自己"。也就是说，父母是为了让自己安心。这种现象被阿德勒称为"自我欺骗"。

父母必须注意，最容易被"为了孩子好"这个借口欺骗的人，其实就是他们自己。因此，父母必须时常自省，看看自己是否在用对自己有利的借口自我欺骗。

阿德勒心理学课程希望父母教养孩子真的是"为了孩子好"，这才是正确的教养之道。

父母将孩子的课题视为"共同课题"，提供协助

　　孩子的课题本来就该由孩子自己完成，父母不应该干涉孩子或者提供帮助。但是，在以下3种情况下，父母可以将孩子的课题视为"共同课题"并提供帮助：

　　1. 孩子向父母求助时。

　　2. 孩子的行为给父母（或其他人）造成困扰时。

　　3. 孩子的行为对孩子的人生产生严重的负面影响时（例如未成年人吸烟、喝酒或其他可能导致犯罪的行为）。

　　本书针对前两种情况予以说明。

　　接下来看看大树向父母求助的事例。

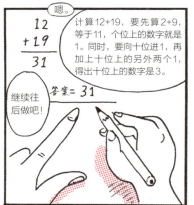

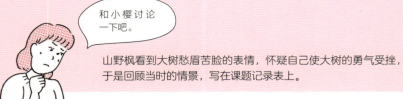

和小樱讨论一下吧。

山野枫看到大树愁眉苦脸的表情，怀疑自己使大树的勇气受挫，于是回顾当时的情景，写在课题记录表上。

课题记录表

名字	孩子的行为	我的回应	孩子的反应
大树	放学回家后，一直在看漫画书。	用吸尘器打扫卫生。 −3	继续看漫画书。
大树	"对了，该写作业了。"	继续用吸尘器打扫卫生。 +1	
大树	磨磨蹭蹭地开始写作业。刚写了几道题就说"好难啊"。	停止打扫，走到大树身边。"进位加法和退位减法很难吧，让我看看……计算12+19，要先算2+9，等于11，个位上的数字就是1。同时，要向十位进1，再加上十位上的另外两个1，得出十位上的数字是3。" +2	说着"嗯"，写下"31"。
		"继续往后做吧！"	就这样，写完了7页作业。
		"7页都写完了！" +4	看起来不大高兴。

-5　-4　-3　-2　-1　**0**　1　2　3　4　5

负面情绪　　　　　　　　　　　　　　　　正面情绪

这样没问题吗？我觉得大树无法感受到"我有能力"和"母亲是我的伙伴"。

是啊，先整理一下课题吧。根据阿德勒心理学课程的理论，"不写作业"的后果将由孩子承担，因此，这是孩子的课题。

如此说来，大树只是感叹了一句"好难啊"，并没有要求我教他。可是，我一道题一道题地教他，一直教完了七页作业，结果他并没有感受到"我有自己解决问题的能力""母亲是一位信任我的伙伴"。他好不容易想写作业，我却夺走了他按照自己的节奏写作业的机会。

嗯，大树确实只说了一句"好难啊"。其实我也有类似的情况。有一次，百合只说了一句"课本不见了"，我却以为她是让我去找，于是我拼命地找。可是，当我吩咐百合"你也在书包里找找看"时，她很生气。

如果父母在孩子未请求帮助的情况下干涉孩子的课题，可能会产生以下弊端：①孩子失去自信；②孩子产生依赖心理；③孩子产生反抗心理；④孩子学会将失败归咎于别人；⑤父母因为孩子的事情忙得团团转。

百合的情况是产生了反抗心理，她觉得"我自己能做到，真是多管闲事！"。父母"多管闲事"，自然会导致父母因为孩子的事情忙得团团转。而且，如果父母继续"多管闲事"，进展不顺利时，可能会导致孩子学会将失败归咎于别人，而不愿意自己承担责任。

大树的情况似乎是失去自信，觉得"没有父母的帮助，我一个人无法做到"。如果继续这么做，可能会产生依赖心理，他会认为"就算我不自己思考，父母也会替我解决"。久而久之，孩子可能会习惯性地认为"我做不到，让父母替我做吧"，最终演变为父母因为孩子的事情忙得团团转的情况。

哎呀，我们必须先鼓励孩子们！

是啊，跟大树说话之前，我要先提醒自己"大树是我的伙伴"，想想大树"做得好的地方"。

大树自己说想补习算术，现在也每次都去上课，对不对？

是啊。在我看来他很辛苦，但他从没说过想放弃……老师也说："他每次来上课都很有精神，学习也很努力。"

我想，他不能不做补习班的作业吧。

是啊。之前我持批判态度，认定大树是个"糟糕"的孩子，但当我冷静下来，思考大树"做得好的地方"，我发现大树并不差劲，一直是个好孩子，只是这次碰巧遇到麻烦而已。我应该全力支持他的成长！谢谢你陪我一起思考。

不客气。我们来谈谈你接下来该怎么做吧。

谢谢你。我觉得以后跟孩子谈话时，在说出我的想法之前，要先认真倾听孩子的想法。

"倾听孩子的想法"很有必要。你可以问问大树对你教他写算术作业这件事有什么感受以及他打算怎么做。

然后跟大树一起思考、讨论应该怎么做。

不过，"想谈话"是谁的课题？

是我的课题。

介入孩子的课题时，应该先敲敲孩子的心门，询问孩子："现在我们来谈论有关……的事情，可以吗？"这种态度非常重要。如果试探之后，孩子说"不要进来"，父母要有放弃的勇气。

原来如此，我试试看。跟你谈话，也让我觉得"我有能力""你是我的重要伙伴"，真是太谢谢你了。

　　第二天，山野枫确认自己对大树没有负面情绪，于是决定和大树谈谈。

孩子向父母求助时

 大树，可以跟你聊聊补习班作业的事吗？

可以啊。

妈妈想知道，你觉得算术补习班怎么样？

很有趣啊！

是吗？上算术补习班很开心啊，真是太棒了！那作业呢？

作业嘛，越来越难了，需要很长时间才能写完，作业越积越多。

原来如此。妈妈小时候学进位加法和退位减法的时候，也花了很长时间才学会。

真的吗？妈妈也是这样？

是啊！

原来妈妈也花了很长时间才学会啊！

有没有妈妈可以帮你的地方？

妈妈不用教我，只要在旁边陪我就好，碰到不会的题目，我可以随时问你。

我明白了。以后大树写作业的时候，妈妈就在旁边看书。

 哇,谢谢妈妈。

你希望这种方式进行到什么时候?

(看日历)嗯,到 25 号吧。

也就是说,从今天开始进行一周。好的,我明白了。但是,
妈妈只有晚上 7 点半到 8 点之间有时间,可以吗?

嗯,了解。就从 7 点半做到 8 点。

如果你无法在这段时间内写完作业,怎么办?

我一个人继续写。

现在来确认一下。妈妈只能在 7 点半到 8 点这段时间内陪
你。如果你无法在这段时间内写完作业,就要一个人继续
写。我们尝试一周,到 25 号为止。之后看看情形如何,再
思考该怎么做,可以吗?

好,没问题。

山野枫跟大树一起设定了"共同课题"。"共同课题"对孩子来说是非常重要的约定，父母也必须遵守这个约定。也就是说，就算再忙，在接下来的一周里，山野枫必须腾出晚上7点半到8点之间的时间，陪大树写作业。

孩子的课题最好由孩子自己完成。如果孩子靠自己的力量顺利完成，就能感受到"我有能力"。如果由父母代为完成，孩子可能会觉得"我没有能力"。但是，有时候孩子仅靠自己的力量无法完成课题。在这种情况下，如果孩子明确地向父母求助，父母就可以帮助他们。

大树在努力地写作业。他在认真学习，我也能趁机读书，这样的时光真幸福。

孩子的行为给父母（或其他人）造成困扰时

孩子的行为可能会给父母带来烦恼。严格来说，消除父母的烦恼是父母的课题。但是，仅靠父母的能力无法解决这个问题。在这种情况下，父母可以对孩子提出建议或者和孩子商量，将父母的课题变为"共同课题"，和孩子共同完成。

例如，虽然和兄弟姐妹吵架是孩子的课题，但可能会因为吵闹、弄坏东西给父母造成困扰。在这种情况下，父母可以要求孩子安静或是去外面玩。

下面是一个父母主动和孩子商量，将一方的课题变成"共同课题"的事例。

父母要明确地告诉孩子困扰的原因, 并且请孩子帮忙

　　父母要用孩子听得懂的话告诉他们,什么地方让自己感到厌烦。换句话说,父母要从任何人都会觉得 "这样做的确很讨厌" 的角度,用孩子能够理解的语言告诉他们,才更可能让孩子理解父母、共情父母、帮助父母。至于手足关系方面的问题,不要采取任何对某个孩子有利或对某个孩子不利的干涉措施。

　　虽然山野枫知道在学习课程时要注意这一点,但她想知道实际运用时如何应对才能让孩子感受到 "我有能力" "家人是我的伙伴"。

当父母说出"不要吵架！""烦死了！"这类表示否定、禁止的话，孩子虽然知道自己的行为给父母造成了困扰，但他们可能不知道接下来该怎么做。

没错！首先要简单明了地告诉孩子为什么这些行为会惹人烦，然后问他们问题。例如，问孩子"怎么做才能好好相处？""如何相处才对大家都有好处？"。或许孩子会说出自己能做的事情。我要冷静地跟他们谈谈。

当想传达想法或教导他们时，我不能急躁，应该愉快地交流。将这种场面当作全家人共同成长的机会就好！

"课题分离"是为了赋予孩子勇气，不是为了让父母更轻松

试着将课题分开，尊重、信任孩子，让他们自己完成自己的课题。作为父母，在某些情况下进行这项工作也需要勇气。

在设定"共同课题"时，要明确孩子在哪些地方需要协助，哪些地方不需要，只在双方达成共识的部分助协孩子。也就是说，父母只需协助孩子完成"共同课题"。

为了让孩子学习不给人添麻烦等道理，父母和孩子不能产生不愉快的心情。一旦产生不愉快的心情，孩子往往会回忆父母说过的话并进行反驳，而不是反思自己的所作所为。

专栏⑤

成为不被情绪控制的父母

　　为了赋予孩子勇气，父母必须和孩子保持良好的亲子关系，这就要求父母首先不能对孩子有负面情绪。

　　此外，在日常生活中，要对孩子的正确行为给予正向关注，向他们传达喜悦、感谢的心情。第2章提到过，正向关注并不是"说出肯定的话语"，而是"以积极的情绪对待孩子"。

　　一旦觉得亲子关系的"田地"有些荒芜，就回到第1章，从建立良好的亲子关系做起。如果在尚未建立良好亲子关系的情况下进行"课题分离"，或者强行设定"共同课题"，可能会演变成放任不管、溺爱、过度干涉的强制性教养方式。

　　怎样才能在教养孩子遇到的各种情况中，以积极的情绪对待孩子呢？

　　不要掩饰情绪，也不要压抑情绪，通过训练"心态"和"技巧"两个步骤，就能成为不被情绪控制的父母。

保持正面情绪的心态

　　如果父母不信任孩子的能力，认定"孩子无论如何都做不到"或者"如果我不插手，孩子就活不下去"，父母将永远无法摆脱情绪的控制。

　　首先，要信任孩子，将孩子能够独立完成的事交给孩子自己去做。其次，要尊重孩子，或许父母对尊重孩子这一点感到惊讶，但只有这样才能建立互相尊重的亲子关系。只要想到孩子和父母一样，都在为过好仅有一次的人生而努力，就会发现孩子拥有父母没有的优点和创意。

　　信任孩子、尊重孩子，是父母应有的"心态"。

保持正面情绪的技巧

　　这里的"技巧"一共有三点。

　　第一点：确认父母和孩子是否"目标一致"（将在第 5 章进行深入探讨）。在目标不一致的情况下，强迫孩子按照父母的要求去做，很容易陷入负面情绪。例如，孩子说"不想上学"，父母却希望孩子去上学。由于目标不一致，父母往往会不由自主地生孩子的气。在这种情况下，应该相互妥协，力求达成目标一致。例如，询问孩子"从第几节课开始愿意上课？"，寻找彼此的妥协点。

　　第二点：思考"这是谁的课题"。你是否已经意识到，孩子的许多"不当行为"都是孩子自己的事，父母不必干涉。以前，父母总是想办法阻止孩子的不当行为。一旦知道这些都是孩子自己的课题，父母不必干涉，就没那么容易被情绪控制。

　　第三点：思考"如何解决问题"，而不是"如何消除问题"。如果以增加孩子的正确行为为目标，并且决定细心地关注孩子的正确行为，就会更多地用正面情绪对待孩子，减少负面情绪。

　　在第 2 章提到的"关注孩子的正确行为"、第 4 章提到的"课题分离"和第 5 章将会提到的"目标一致"的内容中，都有帮助你成为不被情绪控制的父母的提示。

　　一有机会就进行复习，也是一种训练。

目标一致

第**5**章

父母如何协助孩子解决"麻烦"？

- ♥ 从本章开始，更深入地学习"共同课题"。
- ♥ 和孩子一起思考，一起制定策略，为同一个目标努力，一起解决问题。
- ♥ 在从课题分离到达成目标一致的过程中认真积累吧！

父母和孩子共同确定可以实现的同一目标，将目标变成"共同课题"，一起努力实现

如果父母和孩子的目标不一致，父母却自以为是"共同课题"，干涉孩子的生活，甚至将孩子卷入父母的生活，会发生什么？

学习是孩子的课题。这里以升学为例，展开思考。假如孩子想去"跟自己实力相符、社团活动丰富多彩的 A 学校"，父母却希望孩子"好好学习，考上升学率较高的 B 学校"。像这样，父母和孩子的目标不一致，如果强迫孩子朝父母期望的方向前进，孩子可能会反抗。父母越干涉孩子的课题，亲子之间的沟通结构越容易演变成"争夺权力"（见第37页），亲子关系只会更糟糕，持续让孩子的勇气受挫。

为了接近"自立""与社会和谐共处"这两个教养目标，父母和孩子达成"目标一致"是"赋予孩子勇气"的重要步骤。

如何确定父母和孩子的目标是否一致？首先，父母必须愿意倾听孩子说话、理解孩子的目标。然后，充分倾听孩子的想法，明确孩子的目标。接着，思考怎样才能帮助孩子实现目标。

同时，父母也要冷静地思考自己期望孩子实现什么目标。

父母经常在无意中为孩子定下不可能实现的过高目标，或者将自己的人生观及价值观强加给孩子，吩咐孩子"应该这样做""应该那样做"。

例如，有些父母的价值观是"孩子应该每天学习"，如果孩子哪天没学习，父母就会很焦虑。这种"焦虑"其实是父母自己的课题。父母为了消除焦虑，让孩子每天学习，才会感到安心。这就是第4章提过的"代替解决"（见第76页）。

千万不要忘记这一点：父母的责任不是让孩子做父母想让他们做的事，而是帮助孩子做他们想做的事。

当然，这并不意味着孩子可以为所欲为。父母不希望孩子学会做"想做但不该做的事"，例如用不正当的方法得到想要的东西；而是希望孩子学会做"不想做但应该做的事"，例如收拾失败后的残局，尽管十分麻烦。

请和孩子一起冷静地思考，"做与不做"某件事，分别会对自己和周围的人产生什么样的影响。

下面这张流程图分别说明了目标达成一致和未达成一致时的情况。

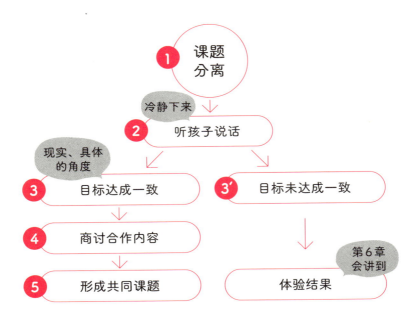

设定 "共同课题"

左页是山野家的事例。他们为了达成一致的目标、设定 "共同课题" 做了一些努力。

山野枫在听到大树的询问后，想和他一起思考、设定 "共同课题" 并帮助他。但是，帮助大树完成任务的进展并不顺利。山野枫试着深呼吸，冷静地思考。她发现自己虽然听了大树的话，但并不知道他的目标是什么，反倒希望大树照着她的方式来做。

现在，根据第101页的流程图来回顾一下这件事。

课题分离

为了达成一致的目标，首先要思考 "这是谁的课题"。

跳绳练习的结果将由大树承担，因此，如何处理、解决这个问题是大树的课题。

山野枫希望大树在跳绳比赛中表现得和其他人差不多，不会在比赛中信心受挫，还希望他能在艰苦训练后获得成就感并成长，所以想帮助大树。

因此，她对停止练习的大树感到失望。

这些情绪和想法，都是父母面对孩子的课题时产生的情绪和想法。也就是说，这些其实都是山野枫自己的课题。

大树对自己的课题有什么样的想法呢？只有认真倾听孩子的想法，才能知道孩子想成为什么样的人、想做什么。

倾听孩子的想法、达成一致的目标

在山野枫和大树都很放松的时候，山野枫询问大树有关跳绳练习的想法。

大树，你能不能告诉妈妈有关跳绳比赛和练习的想法？

嗯，我跳得不好，很怕在班级对抗赛的时候拖后腿……

原来是这样啊……

所以，我想跳得更好。

好的。不过，你觉得怎样才算跳得好呢？

嗯，能够连续跳十下吧！

十下就够了？一般不是要跳三十下吗？

我觉得够了。老师要我们至少连续跳十下。我认为只要能连续跳十下，就算跳得好。

我明白了。那么，为了能连续跳十下，应该如何练习呢？

 应该抬腿、放松，可是我做不到呀！

 我们一起来研究练习跳绳的方法，好吗？可以上网查，也可以问爸爸，说不定会发现更有效的练习方法。

 好！我也去问老师和朋友！

　　通过讨论，山野枫和大树设定了"在比赛日之前，要能连续跳十下"的具体目标。为了达成目标，全家一起为"研究练习方法"这一共同课题而努力，思考各自能做的事。

　　山野枫的应对促使家人一起赋予大树勇气，一定能让大树产生"我有能力""家人是我的伙伴"这些正确信念。

　　这些积极的应对措施累积起来，会促使孩子做出正确行为，从而实现让孩子"自立"和"与社会（家庭或学校）和谐共处"这两个目标。

好！在一个月后的比赛日之前，我要学会连跳十下！

好的，就这么办！

拜托啦

那么，为了帮助大树达成目标，我们来研究练习方法吧。

嗯……

原来如此！

一开始练习单脚跳，慢慢地甩绳子。动作慢一些也没关系。

配上音乐，可能会很有趣。

哥哥加油！

七！

八！

嗒

嗒

九！

十！

嗒

我做到了！

全家人一起赋予大树勇气，让大树产生"我有能力""家人是我的伙伴"的信念。

无法设定"共同课题"

如果父母和孩子的目标无法达成一致，又该怎么办？
来看看大树的事例吧。

　　针对以上状况，山野枫和大树能够设定"共同课题"吗？下面结合第101页的流程图来分析一下。

课题分离

　　关于几点去学校这件事，结果将由大树承担，因此，如何处理、解决这个问题是大树的课题。

　　山野枫希望大树能够提前做好上学前的准备，不慌不忙地在7点40分出发。于是，她想："能不能将这件事变为'共同课题'，帮助大树？"而且，她又想："出门前才慌慌张张地开始准备，像今天这样就会迟到！肯定没人愿意和这么散漫的孩子交朋友！"立刻变得焦躁不安。身体也会随着情绪发生变化：呼吸变浅、肩部和背部变得僵硬。这些都是父母在面对孩子的课题时产生的情绪和想法。也就是说，这些其实都是山野枫自己的课题。

　　大树对自己的课题有什么样的想法呢？只有认真倾听孩子的想法，才能知道孩子想成为什么样的人、想做什么。

　　山野枫决定仔细听大树说话，想了解他对上学时间的看法以及他的目标。于是，山野枫深呼吸，想着"大树一定是因为某些原因才会迟到"，让自己焦躁的心情平复下来。

倾听孩子的想法

今天老师在联络簿上写了："今天大树迟到了，以后要注意别迟到。请妈妈提醒大树。"

嗯，我会注意的。今天早上我摸了那只总是和漂亮姐姐一起散步的柴犬。那只狗非常可爱！

有这回事啊。

我一直觉得那只柴犬好可爱，摸到它真开心。

是吗？所以你才迟到了。

我以后会注意的。

嗯。你愿意告诉妈妈以后要注意什么吗？

我今天跑得太慢了，下次我会跑得更快。

你愿意听听妈妈的想法吗？

好啊。

要提早做好准备，不要将事情都堆到出门前才做。如果7点40分准时出门，就算不跑，时间也来得及。

没关系。7点50分来得及，我跑得很快。

你居然是这么想的啊？有什么地方妈妈帮得上忙吗？

 （露出不耐烦的表情）没有。

 我知道了……那么，妈妈应该怎么回复老师呢？

 就写："已经跟大树说了，他会注意的。"

 （写联络簿）好的，这样就可以吗？

 嗯，可以了。

如果无法达成一致的目标

　　虽然山野枫向大树传达了她的想法，可大树的回答是"7点50分出发也来得及，我跑得很快，不需要妈妈帮忙"，依然坚持他的做法。

　　既然目标不一致，就无法设定"共同课题"。

　　于是，山野枫决定放下自己的期望与担心，暂时让大树按自己的方式去做。假如大树按自己的方式去做，结果却不太好，他也能从中学习。由于这次山野枫的应对方式是让大树自己选择，大树会感受到"我有能力""妈妈是我的伙伴"。

　　至于"面对结果，赋予勇气"这一点，将在后面的章节中学习。

无论目标是否一致，都要设法让孩子感受到"我有能力""妈妈是我的伙伴"

　　通过"课题分离"划分出的"孩子的课题"可以通过亲子讨论变为"共同课题"；"共同课题"也可以通过亲子讨论再次被分割。父母不应该不跟孩子商量就擅自行动，一定要跟孩子商量后再做决定。

　　阿德勒心理学教养方式是一种"对话式教养方式"。也就是说，父母要根据需要和孩子进行交流、沟通。因此，父母必须陪孩子共同成长，而不是单方面教养孩子。

专栏⑥

关于父母的课题

　　到目前为止，我们已经学习了将孩子的课题变为共同课题的相关内容，现在来思考一下父母的课题。第 4 章提到，在与孩子行为相关的父母课题中，如果有让父母或他人感到困扰的情况，便可视为共同课题。而且，最好不要将有关父母期望的任务变成共同课题。至于和孩子行为无关的父母课题，如有必要，可以视为共同课题。例如，母亲的腿受伤了，无法做家务，父亲工作到很晚，也不能做家务，这时母亲可以拜托孩子帮忙做家务。在这种情况下，可以将做家务变为共同课题。

　　委托孩子完成父母的课题是有诀窍的，总结为以下几点。

建立横向关系

　　如果以"父母在上、孩子在下"的纵向关系向孩子提出请求，彼此都容易陷入负面情绪，使亲子关系恶化。因此，请以

"亲子平等"的横向关系向孩子提出请求。

使用礼貌用语

建议父母不只在请求孩子帮忙时使用礼貌用语，日常生活中和孩子接触时也应如此。这样做除了不容易发生冲突，还能让孩子学会礼貌的说话方式，大有裨益。

不要情绪化

向孩子提出请求时，应尽量避免情绪化的沟通方式，理性地提出请求。

合乎情理

用孩子能够理解的方式进行沟通。如果故意歪曲事实，或者将父母的主观想法当成客观事实，亲子关系就会出现问题。

寻找妥协点

不要太极端，要寻求中间的妥协点。如果孩子没有立刻答应父母的请求，可以询问孩子之后能否答应；如果孩子没有接受父母的全部请求，可以看看孩子愿意答应哪些部分。

认可孩子有拒绝的权利

孩子有权拒绝父母的请求。如果孩子无论如何都不肯接受父母的请求，那就认可孩子拥有拒绝的权利。

请求孩子完成父母的课题时，为了让孩子更容易接受，父母应该好好梳理请求的内容。

体验
自然结果

第 **6** 章

你是"过度干涉"孩子的父母吗？

- ♥ 请让孩子体验许多不同的事。
- ♥ 不论成功或失败，孩子都可以从中学到许多东西。
- ♥ 父母的工作是协助孩子进行体验。
- ♥ 绝对不要剥夺孩子体验的机会。

通过"自然结果"，能让孩子学到许多东西。不要成为剥夺孩子体验机会的父母

孩子通过不断尝试，积累成功和失败的经历，逐渐学会什么是正确行为。从这些经历中学习的方法，可以说是原始的学习方法，虽然看上去效率低下，但其优点是贴近现实、孩子可以深入学习。父母也需要成长，所以，请不要剥夺孩子从这些经历中学习的机会。

当孩子的某个行为的结果只由孩子自己承担时，代表这是孩子的课题。这时，孩子行为的结果会按照自然法则落到孩子身上，这便是"自然结果"。

例如，像"淋雨会感冒""长时间玩游戏眼睛会痛"之类的事，父母往往比孩子先预测到"不好"的结果，然后干涉孩子的课题，以免孩子吃苦头。但是，孩子必须亲身体验这些好与不好的事，然后依据这些经历自行思考，反复尝试，才能学会自我管理。

让孩子通过自然结果学习、成长，也是一种赋予勇气的方式。父母稍稍鼓起勇气让孩子自己体验结果，如果进展顺利，将会极大地增强孩子的自信。

我们来看看小堇的事例吧。

小董的表姐留给她一双时髦的粉色皮鞋。小董第一眼看到就很喜欢，非常兴奋，想早点儿穿上它。

看起来有些大，不过……

我今天要穿这双鞋去幼儿园！

没关系吗？

嗯！

路上小心！

我要走啦！

之前我一定会那样做，但这次得鼓起勇气，尊重小董的想法！

啪啪啪

我不！

你会摔倒的，别穿这双鞋！没时间了，快把鞋换了！

我回来了！

穿这双鞋虽然可以走路，但跑步时鞋会掉，不能像平时一样跟大家一起玩。还是等长大一些后再穿吧！

好，那就留到你长大一些后再穿。

嗯！

　　如果父母事先禁止孩子的某些行为，孩子会因为害怕失败而变得极度胆小，或者产生反抗心理，故意跟父母作对。

　　小堇从自然结果中明白了"鞋子太大的话，跑步时会掉，不能像往常一样和朋友一起玩"的道理，并且通过独立思考，决定"以后再穿这双鞋"。

　　通过山野枫的回应，小堇从自然结果中学到了东西，也感受到"我有能力（自己思考并做决定）""妈妈是我的伙伴（跟以往不同，交给我自己决定）"。

　　当然，让孩子自己做，有时候结果并不好，但孩子仍然能从结果中学到许多东西。即使是父母认为有些危险的行为，也可以让孩子稍微体验一下。这样做，就像给孩子注射"预防危险的疫苗"，让孩子学会避开更大的危险。

不能任由孩子经历"自然结果"的四种情况

虽然父母希望孩子多经历一些自然结果，并且从结果中学到东西。但是，如果是以下四种情况，绝不能任由孩子去做。

自然结果会危及孩子的安全

例如，冲到马路上这样的行为可能会导致车祸，让孩子面临极大的危险。此时，父母必须以某种方式阻止孩子的行为，以免孩子遭受危险。

自然结果会让孩子的勇气受挫

让孩子体验自然结果，是为了让他从中学习，向"我有能力""大家都是我的伙伴"的教养目标靠近。因此，如果父母预测自然结果会让孩子觉得"我没有能力，我很差劲""大家都是我的敌人，没有人会帮我"，例如孩子在一段友谊中明显受到身体上和精神上的伤害，就应该设定一个"共同课题"，与孩子共同完成，赋予孩子勇气。

孩子无法从自然结果中学到任何正面经验

例如，半夜大声地播放音乐、在超市里跑来跑去之类的行为，可能会让孩子很快乐，却会给别人带来困扰。孩子无法从这些行为的结果中学到任何东西，所以最好和孩子一起设定"共同课题"，引导孩子做出正确行为。

孩子无法理解行为与结果的关系

还不会说话的幼儿自然无法理解行为与结果之间的因果关系；至于已经可以充分表达想法的学龄前儿童，虽然能理解"这样做，会产生这样的结果"的因果关系，但无法判断"接下来会发生什么事"，就算经历了结果，也学不到东西，所以最好用其他方法帮助他们理解。

父母可以和10岁以下的孩子一起对未发生的结果进行判断、对已发生的结果进行梳理。这种交流也是一种赋予孩子勇气的方式。不过，如果对10岁以上的孩子也采取这类方式，通常会遭到抗拒。

来看看山野家的事例吧。

本以为自己做的每件事都能赋予孩子勇气，但事实好像并非如此。让孩子自己做并从中学习，是赋予勇气的方式；确定各自的职责，共同努力解决问题，也是赋予勇气的方式。如果有人在这个过程中遇到麻烦，可以一起商量。

当我下定决心要赋予孩子勇气时，我也从大树和小堇那里得到了更多鼓励。这是不是一种能够相互赋予勇气的亲子关系？

　　山野枫的冷静应对，使得大树和小菫能够判断自己行为的结果。

　　接下来要讲的内容是和孩子对结果进行判断和梳理时，应该注意的两个重点。

对尚未发生的结果进行判断

如果父母询问孩子"这样做，会发生什么事呢？"，或许可以帮助孩子判断即将发生什么样的结果。如果父母温柔地询问孩子，而不是盘问孩子，孩子也许能依靠自己的力量判断结果。如果孩子回答"不知道"，试着告诉他们父母判断的结果。让孩子对结果进行判断，可以帮助孩子成为有远见的人。

对已经发生的结果进行梳理

如果父母询问孩子"你知道发生了什么事吗？"，可以帮助孩子厘清已经发生的结果。假如孩子年纪还小，父母必须确认孩子从结果中学到了什么。如果孩子无法回答，可以告知他们可能忽略的方面，有助于孩子进一步思考。

请记住，让孩子"体验结果"的目的是赋予孩子勇气，而不是"告知孩子对错"。

父母希望孩子能够通过体验结果，感受到"我有能力""大家都是我的伙伴"。因此，父母应该冷静地询问孩子"你从这个结果中学到了什么"，或者在孩子学到东西时夸奖一句"你学到了很好的东西"，从而赋予孩子勇气。

父母的过度干涉会阻碍孩子自立

　　请停止对孩子下达"住手""不要这样做"之类的指令。教养孩子时过度干涉，会削弱孩子的自立能力。千万不要让孩子变得怯懦。虽然好好沟通、亲子一起解决共同课题中的问题也是赋予孩子勇气的方式之一，但父母什么都不做，让孩子亲身体验，对赋予勇气来说更加重要。无论好事还是坏事、成功还是失败，都要让孩子去体验，让他们学会生存。有时，父母"什么都不做"，也是一条让孩子走向自立的道路。

建议召开
家庭会议

第 **7** 章

腾出时间，
全家一起沟通

- ♥ 只要父母和孩子开始对话，就能逐渐发展成家庭会议。
- ♥ 如果亲子对话很难进行，请回顾第5章及以前的内容。

家人会随着你的改变而改变。
定期召开家庭会议，分享教养孩子的目标

如果你将第7章之前的内容努力运用到日常生活中，想必此刻已经有所改变。被情绪左右的情况是否变得更少了？当孩子的行为不如你所愿时，虽然还是有些焦虑，但你已经学会尊重孩子，知道孩子有他自己的想法了吧？

就这样，经过反复实践，今后家人将以你为榜样，学习沟通的方法。

而且，随着你的改变，你会发现家人也开始改变了。刚开始，变化可能很小，之后孩子越来越能独立完成自己的事，也越来越愿意帮助家人，给家人带来更多欢笑。当你的家庭逐渐变成这样的状态时，是时候召开家庭会议了。

说起"会议"，听上去好像很正式，不妨从讨论"周末如何过""暑假去哪里旅行"等能让家人开心的问题开始。

多开几次家庭会议，会议形式就会逐渐定型。

利用家庭会议，学习亲子协作

　　为了实现阿德勒心理学课程的心理层面目标，也就是让孩子感受到"我有能力""大家（家人）都是我的伙伴"，以及实现让孩子"自立""与家庭（社会）和谐共处"这两个行动层面目标，家庭会议十分有效。

　　通过定期召开家庭会议，不但可以让孩子成为有责任感的人、学习如何与他人合作，还能增强孩子的生存能力。在家庭会议中，如果家人互相尊重、信任，集思广益，就能分享彼此的好想法，互帮互助。如果孩子学会与家人协作，自然可以在家庭以外的场所（即社区、学校和社会），用他们拥有的力量帮助别人。

　　阿德勒心理学课程的目标不只是帮助父母教养孩子，更希望亲子双方通过沟通，共同成长。教养理念不应是"父母决定，孩子听从""完美的父母教养不完美的孩子"，而是"亲子双方共同决定，协作解决""父母和孩子都不完美，应该共同成长"。家庭会议是家人体验成长的场所，是家人的大本营。

召开家庭会议时，请注意以下几点：

1. 提前确定会议日期。

2. 不能在会议期间做其他事（例如看电视、吃饭等）。

3. 尽量在短时间内结束会议（如果家里有学龄前儿童，家庭会议不应超过30分钟）。

4. 全家都要参与。

5. 家人轮流担任主持人。

6. 少数服从多数。

先从轻松有趣的主题开始练习，例如"周日早餐菜单"或"家族旅行计划"。为了让会议顺利进行，最好在会前让家人互相说出对方的优点以及曾经被对方帮助过的事情。

例如，对孩子说："谢谢你今天在从超市回家的路上帮我拿东西。我两只手都提着东西，多亏有你帮忙。"或者对丈夫说："谢谢你昨天听我倾诉，说完之后我心里舒服多了。"以这样的开场白拉开会议的序幕，能够奠定让家人感受到"我有能力""家人是我的伙伴"的基础，使会议顺利进行。

另外，如果与会者出现负面情绪，可以暂时中止会议，下次再讨论。如果不想半途而废，就要注意不能让大人和孩子带

着情绪参加会议。

　　山野家也一直在反复练习召开家庭会议。刚开始讨论开心的话题，接着就可以讨论复杂一些的话题。

　　下面是山野家召开家庭会议的事例。

我昨天玩得很累，今天想休息，不想上学，明天再去吧。妈妈，打电话给老师，帮我请假。

唉……我不认为可以为了这种小事缺课，更不希望他装病。

如果他真的很累，不能去上学，应该让他休息一下吗……我该怎么做呢？这种时候我需要大家的帮助！

好啊！我喜欢开会！

可以召开紧急家庭会议吗？

好啊！

干夫，小堇，可以来开紧急家庭会议吗？

今天谁来当会议主持人？

我来！那我们开始吧。谁想发言？

我今天想请假，不去上学。

大树为什么要请假呢？

我昨天玩得很累，今天想休息，不想上学，明天再去吧。

大家有什么意见？

爸爸作为一个工作日都要去上班的人，遇到大树这样的情况，会怎么做呢？

我想想。如果我向公司请假，我的工作就要请别人代劳，会给别人添麻烦。

即使很疲惫，只要没生病，我还是会去上班。

如果我因为太累而无法做家务，会给大家带来困扰。

其他人怎么看？

但确实有很疲惫的时候吧？妈妈不是经常说很累吗？

所以，如果想痛快地玩一天，我会选择第二天是休息日的周五和周六。

是啊，有时的确很疲惫。那种时候，我会努力让自己休息一下。

例如，不打扫卫生，或者用速冻食品当晚餐。在感到疲惫时，我会设法少做一些家务。

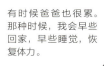

有时候爸爸也很累。那种时候，我会早些回家，早些睡觉，恢复体力。

是啊，好好休息一下就好了。

嗯！上次我发烧了，请假没去幼儿园，在房间里安静地睡觉，就痊愈了！

嗯……

大家怎么看呢？

大家想想大树该怎么做，然后写在纸上吧！

一共有三种建议。

①今天请假，好好休息一下。
②去上学，看看身体状况如何。如果还是不舒服，可以跟老师说，请假回家。
③去上学，不做剧烈运动，坚持一天。

哥哥，你想选哪个？

我选第二个。

大树，有没有需要大家帮忙的地方？

请帮我填联络簿!

好，我负责填联络簿。你能告诉我你想跟老师说什么吗？

那就拜托妈妈写上去吧。

我得想想。

我们一起确认一下再写吧！

那么，会议可以结束了吗？

是的，大家辛苦了。

那我就写："今天大树不太舒服，可能会拜托老师让他中途回家。到时候请老师帮帮他。"可以吗？

嗯！

以前，我一定会说："别说什么累了就不想去上学的话！快去上学！"然后生气地让他去学校。

结果，那天大树并没有早退，仍旧按照平常的放学时间回家了。

很开心！

今天过得怎么样？

是吗？

真棒！你学到了很好的道理。在家庭会议上汇报一下，好吗？

我去了学校之后，精神好多了。所以，下次感觉累了的时候，还是先去学校看看再说。

好的！而且我很感谢大家为我出谋划策，我要对大家说声"谢谢"！

制定家庭规则

山野枫在课程中学到了很多东西，并且付诸实践，让山野家的家庭会议发展到能够讨论复杂问题的阶段。

为了家庭和睦，必须制定家庭规则。制定家庭规则时，需要注意以下五个重点。

全员参与制定规则

父母不能单方面制定家庭规则并强加给孩子。

内容要合理

亲子双方是否都认可制定家庭规则的必要性，并且接受规则的内容？只要有一个人不认同，该规则便无法被遵守。

必须平等地适用于每一位家庭成员

如果有人可以不遵守规则，这条规则便不成立。例如，门禁时间只有孩子必须遵守，父亲却不必遵守，便是不平等的规则。平等并不意味着"等同"，因此，孩子的门禁时间与父亲的门禁时间不一定相同。如果要给孩子设置门禁时间，大人也必须被设限。成年人和儿童的体型、能力、知识、经验都不一样，各自承担的责任也不同，但作为人的价值是平等的。

尽量少制定规则

如果规则的条文多到记不住，就无法让家人遵守。

设定期限

最好能为家庭规则设定期限，一段时间后自动作废。如果某些规则在过期后仍有继续执行的必要，可以和家人讨论一下再做决定。也可以为每条规则设定试用期限。

接下来，看看山野家的家庭规则吧。

山野家有一条规则：睡觉前必须整理客厅里的东西。

最近，这条规则好像被打破了。

是啊，
对不起。

① 强迫孩子遵
② 妈妈的东西

爸爸也总是把报纸丢在客厅里不管。

不知不觉就那么做了。

是啊。

嗯，好啊！

总之，先执行一个月试试。

那么，把规则改成"每个人都把客厅里的东西收拾好再睡觉"，怎么样？

爸爸睡得比较晚，但我会在睡前收拾好。

第二天

抽屉里放满了妈妈的东西，放不下我的玩具了。

哎呀……

塞满

我们在客厅里多摆一个柜子，让每个人都有专属的抽屉，好不好？

同意！

那个周日，山野一家一起去了家具城。

-3

　　山野一家人共同努力，将全家的共享空间——客厅变得更让人身心舒畅。如果亲子双方能够达成共识，认为某条规则能让家人生活幸福，就会主动遵守这条规则。

　　在家里被迫遵守不合理规则的孩子，长大后也不会遵守社会规则。一定要帮助孩子了解规则的必要性以及遵守规则的重要性。

让孩子知道他们可以随时进行选择是很重要的事

　　让孩子做选择时，最好能提供两个以上的选项。为什么呢？因为人生不是只有零和一百两种可能性。无论什么情况，经过仔细思考，都不会只有一种可能性，而是存在两个以上的选项。我们必须认识到这一点，并且将经验教给孩子。

专栏⑦

要下定决心永远站在孩子这边

当孩子行为不当时，很可能是因为觉得自己被排挤，也就是"没有归属感"。无论什么时候，都要下定决心站在孩子这边，特别是当孩子受到学校和公众的责备时，请务必让孩子感受到你的支持。如果连父母都与他们为敌，孩子在这个世界上就没有立足之地了。先要下定决心，永远跟孩子站在同一边。至于某些无法下定决心的事，不能说出来，也不能付诸行动。总之，一切都始于内心的决定。

下定决心后，只要有机会，就要告诉孩子："我永远站在你这边。"或许刚开始很难说出口，但还是要鼓起勇气告诉孩子，哪怕只说一句。这句话会让你和孩子的关系有所改善，也会让你的心情变得更好，你会发自内心地想站在孩子这边。之后，亲子关系会不断改善，你也会有更多帮助孩子的机会。

无论孩子的个性如何，是悠闲自在还是性情急躁，我们都希望孩子能够亲身感受到"我有能力"。也许"悠闲"或"急躁"一直是你担心的问题。不过，学到这里，你是否开始觉得"悠闲"和"急躁"都只是你的个人看法，孩子的许多"缺点"其实都是优点？

与其说阿德勒心理学是一种"船到桥头自然直"的乐观主义，不如说是一种"尽力而为"的积极、乐观的态度。怎样才能保持乐观？就是坚信自己能够做到。此外，无论遇到何种状况，一定不要悲观地认为只有一个选项，而是要相信有各种各样的可能性，寻找并尝试新的方式。

因此，很多时候父母也需要勇气。父母信任孩子的能力，让孩子自己去做，是一种勇气；不带负面情绪地与孩子沟通，以达成一致的目标，也是一种勇气。当父母带着勇气教养孩子时，孩子会感受到"我有归属感""我是家中不可或缺的一部分"，也会乐于为家人提供帮助。

与其看过去，不如看未来；与其看缺点，不如看优点。请思考自己能为家人的幸福做些什么，让孩子获得归属感。

从小经常感觉自己"是家中不可或缺的一部分"的孩子，长大后也会认为"自己是社会中不可或缺的一部分"，并且有勇气帮助他人。这便是阿德勒心理学课程的目标教养方式。

体验
社会结果

第 **8** 章

如果孩子不遵守家庭规则

- ♥ 从社会规则中学习，也是一种体验。
- ♥ 必须让孩子明白遵守规则的好处。
- ♥ 在最后一章中，我们将加深对制定、运用规则的理解，使家人能够和睦相处。

让孩子体验"社会结果"，学习"履行社会责任"

　　自然结果是由自然法则决定的结果，而社会结果则是由家庭、学校和社会法则决定的结果。

　　例如，某个家庭有"必须在几点前吃完饭"这个规则，并且事先约定"不遵守规则的人负责收拾餐桌"。如果不遵守家庭或社会规则，会有什么样的后果？如果事先确定好惩罚手段，并且让孩子体验这种惩罚，就是"社会结果"。

　　为了用社会结果来赋予孩子勇气，亲子之间必须是"伙伴"关系。要相互尊重、信任，并且能够在不带负面情绪的情况下进行沟通。

　　假如亲子关系不佳，父母却使用社会结果教养孩子，可能会导致亲子关系恶化。例如，某个家庭有"晚饭时间，如果有人叫孩子吃饭，孩子必须马上停止玩耍并坐在餐桌前"这个规则，如果孩子不遵守规则，就会受到"不准吃晚饭"这个惩罚。如果孩子怎么喊都不来，父母可以告诉孩子："怎么叫你都不来，看来你不打算吃饭，那你今天别吃了。"然后依言不让孩子吃晚饭。

　　在亲子关系不佳的情况下，有些孩子可能觉得"父母在刁难我"，为了不再被刁难，只好听话；也有些孩子觉得"父母想用这种方式控制我"，因此变得叛逆。无论哪种情况，都无法让孩子感受到"我有能力""大家是我的伙伴"，也无法让孩子懂得作为家庭成员、社会成员应该主动履行责任的道理。

　　而在良好的亲子关系中使用社会结果教养孩子，能让孩子感受到"我有能力""大家是我的伙伴"，还能让孩子学会在社会中履行责任。

　　下面以山野家的情况为例，分析如何利用社会结果教养孩子。

今天是山野枫回娘家的日子。

咣当

应该我先跟外公下。上次是哥哥先下的。

我要先跟外公下象棋。

不！是外公叫我先下的！

每次都是你先下，这次轮到我了。

没关系。

对不起！对不起！

哈哈哈

我先！

外公叫我先下！

外公才不会说那种话！

咣当

你们安静点儿！

要冷静，要冷静……

好的。

我们在下一站下车，我有重要的事要告诉你们。

什么呀？

好吧，就这么办。先谢谢你们。

轰隆

几分钟后

你们要怎样才不会吵架呢? 你们认为该怎么办?

我希望小堇明白, 猜拳已经决定了先后顺序。

是啊!

......

但是, 那样的话……

小花!

对了, 我可以跟小花玩。

如果外婆跟小堇一起带小花去散步, 她一定很开心!

这个主意不错。

没关系!

小堇, 没关系吗?

好, 那我们搭下一趟车去外公家。

当大树和小堇在车上吵架时，为了让自己冷静下来，我深吸了一口气，像念咒语一样一直默念："要赋予孩子勇气、要赋予孩子勇气，孩子的出发点一定是好的。"

之前，每次孩子们吵架，我都会大发雷霆，接着用恐怖、低沉的声音说："给我安静！做不到就回家！"用这种威胁的方式让孩子安静下来。

但是，我在课程中学到：无论是父母有负面情绪，还是孩子有负面情绪，都无法赋予孩子勇气。所以我决定中途下车，让自己平静下来，再一起商议解决的办法。

为了不让社会结果变成"惩罚"，让孩子体验时一定要慎重

大树和小董从上述事件中学到了什么？他们能感受到"我有能力""家人是我的伙伴""大家是我的伙伴"吗？能学会在社会中必须履行责任吗？

让孩子体验社会结果，必须非常慎重。为什么？因为一旦失误，就会变成"惩罚"。为了不让社会结果变成"惩罚"，请务必注意以下几点。缺失任何一项，都会成为惩罚。

让孩子体验社会结果的注意事项

让我们从上述事例中回顾一下不让社会结果变成惩罚的三个注意事项吧。

亲子关系良好

这一点是最基本的条件。父母带着负面情绪时，说的大多是惩罚性的话。通常情况下，如果亲子之间无法保持冷静对话的关系，很容易让社会结果变成惩罚。在上述事例中，山野枫已经进步到可以冷静地面对大树和小董的争执。

行为和结果之间要有合理的联系

在车上吵闹的话，就得下车，这种前后联系是合理的。

这是因为坐车的人应该对自己的行为负责，不能打扰其他人。大树和小董没有为此负责，所以失去了坐车的权利。山野枫想让孩子明白的是，如果想行使某种权利，就必须履行责任。

因此，没必要大声斥责孩子或者硬将孩子带下车。在孩子学习某件事时，父母和孩子都不能产生厌恶的心情。一旦产生厌恶的心情，孩子往往会回忆父母说过的话并进行反驳，而不是反思自己的所作所为。

所有人都同意惩罚

不能直接对孩子下令："你在车上太吵了，下车吧。"这样也会变成惩罚。只有前后联系合理、事先彼此都同意的时候，才能让孩子体验社会结果。

再次强调，让孩子在家庭中体验社会结果，不是为了让孩子产生厌恶情绪。规则和惩罚都是为了让包括孩子在内的家人感到幸福而存在的。

不要为了控制孩子而制定家庭规则

　　有些父母什么事都想按规则办，这种方式其实并不是十全十美的。如果是通过民主方式制定的合理规则，就应该遵守，并且大家都应该遵守规则，和睦相处。还要经常检查孩子是否感受到"我有能力""大家是我的伙伴"。要做到这一点，父母必须十分了解自己的情绪。

后 记

　　本书多次提到教养孩子的心理层面目标——"我有能力""大家是我的伙伴"，其实就是让孩子感受到"我有归属感"。对孩子而言，最早的"归属位置"便是"家庭"。

　　如果本书能帮助各位读者在学习阿德勒心理学课程之后，让孩子成长为父母不可或缺的伙伴，就是最让我们觉得开心的事。我们也希望本书能够帮助那些参加过课程的学员回顾课程内容。

　　我们在开头提到，"本书并非想教给大家一种只要读完就能让孩子立刻改变的'魔法'"，你感觉如何呢？教养孩子时"赋予勇气"的方法，并非只有一个标准答案。通过学习课程，你应该已经学会了"赋予勇气的原则"。某些行为能否赋予孩子勇气，对不同的亲子关系来说，情况各不相同。对某些孩子而言是赋予勇气的行为，对其他孩子来说，却可能是让勇气受挫的举动。

　　如何描述才能让读者更容易理解"赋予勇气的原则"？在过去3年多的时间里，我们和半泽编辑数度洽谈，最后决定通过教养事例予以阐述。

为了便于举例，我们设定了"山野家"这个舞台。山野枫这位年轻的妈妈正在学习课程，并且经常与同学川口樱一起讨论，将"赋予勇气的原则"应用到自己家中，认真付诸实践。在这个过程中，不仅山野枫得以成长，山野家的所有人都得到了成长。

山野家发生的故事并非虚构，都是真实存在的事件。我们从自我学习小组的成员和课程学员举出的事例中，挑选了一些易于理解并且可能会对读者有帮助的事件。在此感谢池野麻矢、小仓知子和三浦裕子的帮助。

幸运的是，半泽编辑也跟我们一起学习阿德勒心理学，给了我们许多十分有用的意见，在此致以衷心的谢意。另外，插画家本田亮先生为我们画了十分贴合人物形象的插图，同样非常感谢。

非常荣幸能有机会以创始人阿尔弗雷德·阿德勒、德雷克斯、舒尔曼等众多专家传承下来的阿德勒心理学为基础，撰写这本教养孩子的书。日本阿德勒心理学会的领导人大竹优子女士也曾给予我们极大的帮助。最后，承蒙我们的导师——日本阿德勒心理学会前会长野田俊作先生多年指导，才得以完成这本书，在此深表谢意。

清野雅子

冈山惠实